焼きたてがおいしい
フィナンシェとスコーン

ka ha na －菓葉絆－
根本理絵

Sommaire

4	はじめに
6	道具について
8	型について

Financier
フィナンシェ

12	フィナンシェ 基本の作り方
18	バニラとメープルのフィナンシェ
20	フィナンシェ・ショコラ
22	フィナンシェ・キャラメル
24	キャラメリゼしたりんごのフィナンシェ
26	ラズベリーとアールグレイのフィナンシェ
28	ラムレーズンとカルダモンのフィナンシェ
30	あんずとジャスミンティーのフィナンシェ
32	栗とココアのフィナンシェ
34	くるみとゴルゴンゾーラのフィナンシェ
36	抹茶と粒あんのフィナンシェ
38	きな粉と黒ごまのフィナンシェ
40	トンカ豆と桜のフィナンシェ
42	いちごとよもぎのフィナンシェ
44	いちじくと白みそのフィナンシェ

卵黄で作るお菓子

46	アメリカンクッキー
48	スイートポテト
50	ガレット・ブルトンヌ

スコーン

54		**スコーン** 基本の作り方
60		全粒粉のスコーン
62		チョコチャンクとピーカンナッツのスコーン
64		マサラチャイのスコーン
66		ブルーベリーとクリームチーズのスコーン
68		レモンピールのスコーン
70		オレンジピールとホワイトチョコのスコーン
72		マンゴーとココナッツのスコーン
74		かぼちゃとくるみのスコーン
76		生ハムと3種のチーズのスコーン
78		フライドオニオンと黒こしょうのスコーン
80		ゴルゴンゾーラ、ココア、スパイスのスコーン

焼きたてがおいしいいろいろなお菓子

82	バナナブレッド
84	レモンケーキ
86	キャロットケーキ
88	マドレーヌ
90	フロランタン
92	チョコスフレ
94	お店について

[この本の決まり]

・「常温」とは約18℃を指します。
・電子レンジは500Wのものを使用しています。
・レモンやオレンジなどの柑橘類はポストハーベスト農薬不使用のものをお使いください。
・オーブンは電気のコンベクションオーブンを使用しています。焼成温度、時間は機種により異なりますので、様子を見ながら焼いてください。オーブンの火力が弱い場合は焼成温度を10℃上げてください。
・ひとつまみは指3本でつまんだくらいの量です。

[砂糖について]

主に使用した砂糖は約3種類。基本的にきび砂糖(本書では「素焚糖®」)を使用しています。粒子が細かいので生地にもなじみやすいです。コクや深みを出したいとき、素朴な風味を出したいときはブラウンシュガーを使います。スパイスやナッツとの相性もいいです。レモンケーキやメレンゲなど、白く仕上げたいときはグラニュー糖を使います。

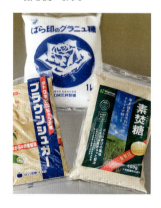

Introduction

焼きたて10分後のフィナンシェがなによりもおいしい理由

フィナンシェは焼きたてがいちばんおいしい！ そう気づいたのは、パティシエの仕事を始めて、仕込みを任されるようになってからのことでした。お店では一度に40個ほどのフィナンシェを焼くのですが、中には焼きムラなどのせいで店頭には出せないものもあって、そうしたフィナンシェは味見用として焼きたてを食べていました。これがまたとってもおいしい！ お店としてはロスがないに越したことはないのですが、私はいつしかそれが楽しみになっていました。

フィナンシェといえば、焦がしバターのあの豊かな香りが特徴的ですが、忘れてはいけないのが食感の魅力です。メイラード反応によって生まれたカリッとした表面の食感と、中のふわっとした食感。そのコントラストがたまりませんよね。しかしそれは焼きあがってすぐには感じることができません。10分ほどして、生地の内部の蒸気がほどよく抜けることで、あの食感のコントラストが生まれるのです。

噛んだ瞬間に心地よい食感と香ばしさが口の中に広がって、やがてそこにまだ温かい内側の生地のしっとり、ふんわりとした食感と、アーモンドと焦がしバターの豊かな風味が加わり、それらすべてが渾然一体となって、私たちはフィナンシェがいちばんおいしい瞬間を味わうことになります。そのタイミングこそが、「焼きたて10分後」なのだと、私は思っています。

本書で紹介するスコーンも、小麦粉や発酵バターの香ばしさをシンプルに味わえる、焼きたてが本当においしいレシピです。表面はカリッと、中のほんのり温かく、ふんわりとした食感は、焼きたてでこそ感じることができます。フィリングとの組み合わせでそこにまた新たな風味や食感が加わって、長く楽しんでいただけることと思います。

こうした焼きたてのおいしさは、自分で作るからこそ味わえる幸せです。そしてそれは身近な人たちにも味わってもらうことができる幸せです。材料をそろえたり、計量したり、生地を混ぜたりと、お菓子作りには大変なことも多いのですが、焼きたてのおいしさを知ってしまうと、大変だけれど作ってよかった！ と思ってもらえるはずです。あとはこの本のレシピのとおりに作っていただければ、きっと大丈夫。材料はできるだけ質のよいものをそろえつつ、ぜひ挑戦してみてください。

併せてこの本を素敵に彩っていただいた宮濱祐美子さんの写真と岩﨑牧子さんのスタイリングもぜひお楽しみください。眺めるだけ、なにを作ろうかなあとパラパラとめくって楽しんでもらえるだけでも、とてもうれしく思います。

ka ha na −菓葉絆− 根本理絵

a. 泡立て器

空気を含ませながら生地を混ぜるとき、焦がしバターを作るとき、卵白や生クリームを泡立てるときなどに使います。ワイヤーがしっかりしていて、本数が多いものがおすすめです。

b. ゴムべら

生地をさっくり混ぜる、バターを練り混ぜる、ボウルについた生地をきれいにこそげ取る、キャラメルやジャムを作るときなど、用途はさまざま。しなやかで熱に強いシリコン製が便利です。

c. はけ

天然毛のものやナイロン製、シリコン製などがあります。型にバターを塗るとき、つや出しのために卵黄を塗るときなどに使用。においがつきやすいので使用後はよく洗って乾かしましょう。

d. 万能こし器

アーモンドパウダー以外の粉類をふるうときに使います。だまがなくなり、空気を含んで生地がふんわりします。レシピは粉類をふるいながら加えていますが、事前にふるっておいてもOKです。

e. カード

別名ドレッジ。主にスコーン生地の成形に使用します。カーブを使ってパイ生地などを切り混ぜたり、直線部分で型に流した生地をならしたり、ほかのお菓子作りにも重宝するアイテムです。

f. はかり

お菓子作りには正確に計量できるデジタルタイプがおすすめ。ボウルの重さをゼロにできる風袋引き機能があると計量がらくちんです。できれば0.1g単位まで量れるものだとベター。

g. めん棒

スコーンのほか、ガレット・ブルトンヌ、フロランタンのサブレ生地を平たくのばすときに。ずっしりと重みがあり、長さ40cm以上のものだと均一にのばしやすいです。

h. ボウル

生地を作るときは口径24cm以上の深さのあるボウルだと作業がスムーズ。ステンレス製なら熱伝導がよく、軽量で丈夫です。電子レンジで加熱するレシピのときは必ず金属製でない耐熱ボウルを使用してください。

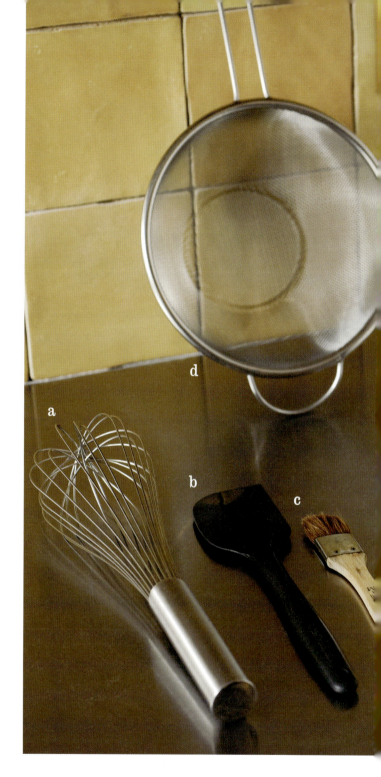

Ustensiles
道具について

Moules
型について

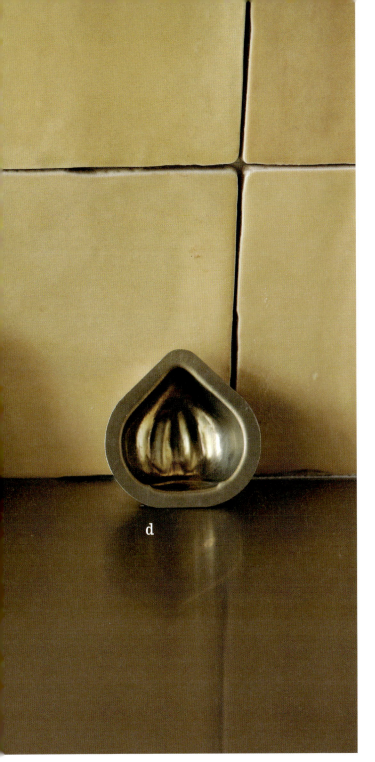

スコーンでは型を用いませんが、フィナンシェでは使用します。この本のフィナンシェのレシピで使った型は4つ。浅型なら表面はカリッ、中はしっとり。深型ならふんわりが加わって、違った食感が楽しめます。基本的にフィナンシェの生地量はどのレシピもだいたい同じですが、使用する型によってできあがる個数は異なります。お手持ちの型で何個できるか、参考にしてみてください。シリコン加工されている型離れのよいものをお使いの場合でも必ずバターをしっかり塗ってからご使用ください。

a. 長さ8.5×幅4.2×深さ1.2cmの フィナンシェ型

◎本書のレシピの分量で7、8個作れます

もっともオーソドックスなフィナンシェ型。フィナンシェ（financier）はフランス語で金融資本家、財界人、相場師などを意味する言葉ですが、それゆえにその形は金の延べ棒をイメージしたものだといわれていて、このタイプの型はそれに近いものです。6〜8個分を1枚の板でまとめている商品もあります。

b. 長さ8×幅5×深さ1.8cmの オーバル型

◎本書のレシピの分量で5、6個作れます

お店でもっともよく使っているのがこの型です。1個あたりの生地の量が多く、厚みが出るので、しっとり、ふんわりとした食感がより強く楽しめます。6〜8個分を1枚の板でまとめている商品もあります。

c. 長さ7×幅4×深さ2cmの 厚みが出るフィナンシェ型

◎本書のレシピの分量で7、8個作れます

サイズは内寸です。金の延べ棒タイプに近い形ですが、厚みがあるので、オーバルタイプに近い食感が楽しめます。1個あたりの生地の量はオーバルタイプほど多くはなく、オーソドックスなフィナンシェ型と同程度です。

d. 長さ5×幅5×深さ1.9cmのマロン型

◎本書のレシピの分量で9、10個作れます

サイズは内寸です。「栗とココアのフィナンシェ」（P32）で使用したもの。フィリングに合わせた型を使うのも遊び心があっておもしろいものです。

フィナンシェ

基本の材料

卵白

Mサイズの卵の卵白のみを使用します。卵白は冷凍保存できるので、卵黄だけ使ったときにとっておけば、フィナンシェ作りに活用できます。

きび砂糖

砂糖はコクのあるきび砂糖を使用します。「素焚糖®」はきび砂糖の一種で、味にくせがなく、甘みと風味のバランスがよく、素材の味の邪魔をしません。粒子が細かいので製菓にも向いています。

はちみつ

きび砂糖だけでなくはちみつも加えて、生地をパサつかせないようにします。

日本のお菓子屋さんでもすっかりおなじみの存在となったフィナンシェは、もともとはフランスのお菓子です。financierというフランス語には金融資本家、財界人、相場師といった意味があり、これは証券取引所の近くにあったお店が考案したからだという説があります。そうした由来もあって、この形はもちろん金の延べ棒を模したものなのですが、忙しい金融資本家たちがスーツを汚さずに片手でさっと食べられる形でもあったようです。

フィナンシェの特徴は、卵黄を使わずに卵白で作ることと、粉の一部をアーモンドパウダーにすることと、焦がしバターを使うことです。あっさりしつつ、それでいて豊かな香りがあるのは、そうした材料使いゆえ。そしてなにしろ表面のカリッとした食感（特に角！）と、内側のしっとり、ふんわりとした食感のギャップが、フィナンシェの最大の魅力でしょう。使う型によってもこれは変化するので、いろいろと試してみてください。

作り方にこれといって難しい工程はありません。唯一気をつけていただきたいのは焦がしバターです。しっかり火を入れて風味を強く出してください。もちろん好みによって薄めの色に仕上げても構いませんが、強めに焦がしたほうがメリハリがついておいしくなるように思います。生地に加えるときは底に溜まった沈殿物もいっしょに入れてください。

オーブンに入れたら15分ほどであっというまに焼きあがります。網にのせたら10分ほどおいて、あとはできるだけ早く召し上がってください。生地は冷凍できますので、保存しておけば、いつでも焼きたてを食べることができます。

基本の「フィナンシェ」(P12)もおいしいのですが、特におすすめしたいのはお店で定番の組み合わせである「バニラとメープルのフィナンシェ」(P18)です。フィナンシェの味の決め手は焦がしバターとアーモンドのおいしさですが、さらにそこへコクのあるメープルシュガーと甘い香りのバニラを加えました。香りを重ねることでさらにおいしくなった、自分でもお気に入りのレシピです。

アーモンドパウダー

フィナンシェの香りを特徴づける材料のひとつです。粉の一部をアーモンドパウダーにすることで、フィナンシェならではの豊かな風味が形作られます。スペイン産のマルコナ種がおすすめ。

薄力粉

薄力粉は「特宝笠（とくほうがさ）」を使用しています。しっとりとして、口溶けがよい焼きあがりはフィナンシェにぴったりです。「スーパーバイオレット」でもOK。

発酵バター（食塩不使用）

バターは発酵バターがおすすめです。焦がしバターにしたときにも強くて豊かな風味が漂います。しっかり焦げるまで加熱して、80℃ほどに冷ましてから生地に加えてください。

Financier
フィナンシェ
基本の作り方

[材料と下準備] 長さ8.5×幅4.2×深さ1.2cmのフィナンシェ型8個分
卵白 —— 2個分（60g）
　▶▶ 常温にもどす
きび砂糖 —— 50g
はちみつ —— 5g
アーモンドパウダー —— 35g
薄力粉 —— 30g
発酵バター（食塩不使用）—— 60g

※ 型に常温にもどしたバター（食塩不使用）適量をはけでしっかり塗る a 。
※ オーブンは200℃に予熱する。

ボウルに卵白を入れ、泡立て器で軽くほぐす。▶▶▶▶

きび砂糖とはちみつを加え、卵白のこしを切るようになじむまで混ぜる。

アーモンドパウダーを加え、粉けがなくなるまでしっかり混ぜる。

薄力粉をふるいながら加え、▶▶▶▶

なじむまで20回ほど混ぜる。
◎薄力粉は全体になじめばOK。混ぜすぎるとグルテンができてかたくなります。

小鍋にバターを入れ、中火にかけて溶かし、泡立て器で絶えず混ぜながら焦がす。▶▶▶▶
◎均一に火が通るように、泡立て器で絶えず混ぜ続けてください。

泡が小さくなり、沈殿物が濃い茶色になったら ▶▶▶▶

鍋の底を水につけ、混ぜながら1分ほど冷ます（約80℃が目安）。▶▶▶▶

◎熱いまま生地に加えると卵白が固まる可能性があるので少し冷まします。鍋の右下にたまっているような沈殿物がある状態でOK。80℃が目安ですが、70℃くらいまで冷めても問題ありません。

3のボウルに**4**の焦がしバターを沈殿物ごと加え、泡立て器でなじむまで混ぜる。▶▶▶▶

ボウルの側面についた生地はゴムべらでこそげ落とす。

型に入れ（型の9分目が目安）、▶▶▶▶

台に2〜3回落として表面を平らにする。▶▶▶▶

200℃のオーブンで12〜15分焼く。
◎高温、短時間で焼成します。ときどき様子を見て、焦げないように注意しましょう。

しっかり焼き色がついたら ▶▶▶▶

型とフィナンシェの間にパレットナイフを差し込んで取り出し、▶▶▶▶

◎パレットナイフがない場合はバターナイフや竹串で代用してください。

網にのせる。

note

- 翌日以降にいただくときは電子レンジで5〜10秒温めるか、オーブントースターで2〜3分リベイクすると、焼きたてのおいしさがよみがえります。

- 常温保存をする場合は保存容器に入れておきます。期限は4〜5日を目安にしてください。

- 冷凍保存をする場合は、1個ずつラップで包み、ジッパーつき保存袋（冷凍用）に入れて冷凍室へ。期限は約3週間を目安にしてください。

- 焼く前の生地を冷凍保存することもできます。5の状態でジッパーつき保存袋（冷凍用）に入れ、できるだけ空気を抜いて口を閉じ **b**、冷凍室へ。保存期限は約3週間。焼くときは、冷蔵室でゆっくりと解凍し、焼く前に室温において、生地の温度が常温（18℃程度）になってから、通常どおりに型に入れて焼いてください。生地が冷たい状態で焼くと、底が型から浮いてしまうなどして、よい食感に焼きあがりません。

b

17

[材料と下準備] 長さ8×幅5×深さ1.8cmのオーバル型6個分

卵白 —— 2個分(60g)
　▶︎ 常温にもどす
きび砂糖 —— 35g
メープルシュガー a —— 15g
メープルシロップ —— 10g
バニラビーンズペースト b —— 1g
アーモンドパウダー —— 35g
薄力粉 —— 25g
発酵バター(食塩不使用) —— 60g

＊ 型に常温にもどしたバター(食塩不使用)適量をはけでしっかり塗る。
＊ オーブンは200℃に予熱する。

[作り方]

1. ボウルに卵白を入れ、泡立て器で軽くほぐす。きび砂糖、メープルシュガー、メープルシロップ、バニラビーンズペーストを加え、卵白のこしを切るようになじむまで混ぜる。

2. アーモンドパウダーを加え、粉けがなくなるまでしっかり混ぜる。

3. 薄力粉をふるいながら加え、なじむまで20回ほど混ぜる。

4. 小鍋にバターを入れ、中火にかけて溶かし、泡立て器で絶えず混ぜながら焦がす。泡が小さくなり、沈殿物が濃い茶色になったら鍋の底を水につけ、混ぜながら1分ほど冷ます(約80℃が目安)。

5. 3のボウルに4の焦がしバターを沈殿物ごと加え、泡立て器でなじむまで混ぜる。ボウルの側面についた生地はゴムべらでこそげ落とす。

6. 型に入れ(型の9分目が目安)、台に2〜3回落として表面を平らにする。200℃のオーブンで12〜15分焼く。

7. しっかり焼き色がついたら型とフィナンシェの間にパレットナイフを差し込んで取り出し、網にのせる。

note
・サトウカエデの樹液を煮詰めたものがメープルシロップ。さらに水分を飛ばしたものがメープルシュガー。樹木特有の風味、深みのある味、マイルドな甘みがあります。
・バニラビーンズペーストはバニラビーンズの香りを抽出し、さらに種を加えてペースト状にしたもの。加熱しても香りが飛ばず、バニラビーンズよりもリーズナブルで手軽に使えます。バニラオイルで代用してもOK。

Financier à la vanille et à l'érable

バニラとメープルのフィナンシェ

お店で人気のフィナンシェを家庭でも作りやすいようにアレンジしました。
バニラとメープルの甘い香りが口いっぱいに広がります。

[材料と下準備] 長さ8.5×幅4.2×深さ1.2cmのフィナンシェ型8個分

卵白 — 2個分(60g)
　▸▸ 常温にもどす
きび砂糖 — 50g
アーモンドパウダー — 35g
薄力粉 — 30g
発酵バター(食塩不使用) — 60g
製菓用チョコレート(カカオ分65％前後) — 20g + 15g
　▸▸ 20gは大きい場合は粗く割る。15gは1cm角に切る a

＊ 型に常温にもどしたバター(食塩不使用)適量をはけでしっかり塗る。
＊ オーブンは200℃に予熱する。

[作り方]

1. ボウルに卵白を入れ、泡立て器で軽くほぐす。きび砂糖を加え、卵白のこしを切るようになじむまで混ぜる。

2. アーモンドパウダーを加え、粉けがなくなるまでしっかり混ぜる。

3. 薄力粉をふるいながら加え、なじむまで20回ほど混ぜる。

4. 小鍋にバターを入れ、中火にかけて溶かし、泡立て器で絶えず混ぜながら焦がす。泡が小さくなり、沈殿物が濃い茶色になったら鍋の底を水につけ、混ぜながら1分ほど冷ます(約80℃が目安)。

5. 耐熱ボウルにチョコレート20gを入れ、ふんわりラップをして電子レンジで1分ほど加熱し、ゴムべらで混ぜて溶かす。

6. 3のボウルに4の焦がしバターを沈殿物ごと加え、泡立て器でなじむまで混ぜる。さらに5のチョコレートを加え、手早く混ぜてなじませる。ボウルの側面についた生地はゴムべらでこそげ落とす。

7. 型に入れ(型の9分目が目安)、台に2〜3回落として表面を平らにし、1cm角に切ったチョコレート15gをのせて軽く押さえる b。200℃のオーブンで12〜15分焼く。

8. しっかり焼き色がついたら型とフィナンシェの間にパレットナイフを差し込んで取り出し、網にのせる。

Financier au chocolat

フィナンシェ・ショコラ

生地とトッピングでチョコレートを使用。
コーヒーにもよく合うフィナンシェです。

[材料と下準備] 長さ8.5×幅4.2×深さ1.2cmのフィナンシェ型8個分

| キャラメル
| グラニュー糖 — 50g
| 生クリーム(乳脂肪分42%) — 50g

卵白 — 2個分(60g) ▶▶ 常温にもどす

きび砂糖 — 35g

アーモンドパウダー — 30g

薄力粉 — 25g

発酵バター(食塩不使用) — 55g

＊ 型に常温にもどしたバター(食塩不使用)適量をはけでしっかり塗る。
＊ オーブンは200℃に予熱する。

[作り方]

1. キャラメルを作る。小鍋にグラニュー糖を入れ、あまり動かさずに弱めの中火にかける。

2. 耐熱カップに生クリームを入れ、ラップをせずに電子レンジで20秒ほど加熱する。

3. 1のグラニュー糖が半分ほど溶けたら鍋を回してまんべんなく加熱し、完全に溶かす。濃いあめ色になったら a 火を止め、2を2回に分けて加え、そのつどゴムべらでよく混ぜてなじませ b 、耐熱容器に移す。キャラメルのできあがり。

4. ボウルに卵白を入れ、泡立て器で軽くほぐす。きび砂糖を加え、卵白のこしを切るようになじむまで混ぜる。

5. アーモンドパウダーを加え、粉けがなくなるまでしっかり混ぜる。

6. 薄力粉をふるいながら加え、なじむまで20回ほど混ぜる。

7. 小鍋にバターを入れ、中火にかけて溶かし、泡立て器で絶えず混ぜながら焦がす。泡が小さくなり、沈殿物が濃い茶色になったら鍋の底を水につけ、混ぜながら1分ほど冷ます(約80℃が目安)。

8. 6のボウルに7の焦がしバターを沈殿物ごと加え、泡立て器でなじむまで混ぜる。さらに3のキャラメル30gを加え、手早く混ぜてなじませる。ボウルの側面についた生地はゴムべらでこそげ落とす。

9. 型に入れ(型の9分目が目安)、台に2〜3回落として表面を平らにし、3の残りのキャラメルをかける c 。200℃のオーブンで12〜15分焼く。

10. しっかり焼き色がついたら型とフィナンシェの間にパレットナイフを差し込んで取り出し、網にのせる。

note
・キャラメルの生クリームははねやすいので必ず温めて、火を止めてから加えましょう。

Financier au caramel

フィナンシェ・キャラメル

キャラメルの風味が加わってさらに豊かな味わいに。
キャラメルは生地の中に入れつつ、トッピングにもします。

[材料と下準備] 長さ8.5×幅4.2×深さ1.2cmのフィナンシェ型8個分

りんごのキャラメリゼ
グラニュー糖 — 10g
りんご — 1/4個（正味50g）
▶▶ 皮をむいて芯を取り、8mm角に切る
シナモンパウダー — 少々

卵白 — 2個分（60g）
▶▶ 常温にもどす

きび砂糖 — 40g
アーモンドパウダー — 30g
薄力粉 — 30g
発酵バター（食塩不使用） — 60g

＊ 型に常温にもどしたバター（食塩不使用）適量をはけでしっかり塗る。
＊ オーブンは200℃に予熱する。

[作り方]

1. りんごのキャラメリゼを作る。小鍋にグラニュー糖を入れ、あまり動かさずに弱めの中火にかける。グラニュー糖が半分ほど溶けたら鍋を回してまんべんなく加熱し、完全に溶かす。弱火にし、薄く色づいてきたら a 火を止め、りんごを加えてゴムべらで手早くからめる b 。耐熱容器に移して冷まし、シナモンパウダーをふって混ぜる。

2. ボウルに卵白を入れ、泡立て器で軽くほぐす。きび砂糖を加え、卵白のこしを切るようになじむまで混ぜる。

3. アーモンドパウダーを加え、粉けがなくなるまでしっかり混ぜる。

4. 薄力粉をふるいながら加え、なじむまで20回ほど混ぜる。

5. 小鍋にバターを入れ、中火にかけて溶かし、泡立て器で絶えず混ぜながら焦がす。泡が小さくなり、沈殿物が濃い茶色になったら鍋の底を水につけ、混ぜながら1分ほど冷ます（約80℃が目安）。

6. 4のボウルに5の焦がしバターを沈殿物ごと加え、泡立て器でなじむまで混ぜる。ボウルの側面についた生地はゴムべらでこそげ落とす。

7. 型に入れ（型の9分目が目安）、台に2〜3回落として表面を平らにし、1のりんごのキャラメリゼをのせる。200℃のオーブンで12〜15分焼く。

8. しっかり焼き色がついたら型とフィナンシェの間にパレットナイフを差し込んで取り出し、網にのせる。

note
・りんごの品種は好みで。酸味があり、果肉がかためのものだと、よいアクセントになります。

Financier aux pommes caramélisées

キャラメリゼしたりんごのフィナンシェ

りんごとキャラメルの相性は抜群です。
角切りにしたりんごの食感がアクセントになります。

［材料と下準備］長さ7×幅4×深さ2cmのフィナンシェ型8個分

卵白 —— 2個分(60g)

   ▸▸ 常温にもどす

きび砂糖 —— 50g

はちみつ —— 5g

アーモンドパウダー —— 35g

薄力粉 —— 25g

アールグレイの茶葉(ティーバッグ) —— 2g

発酵バター(食塩不使用) —— 60g

冷凍ラズベリー —— 16粒

※ 型に常温にもどしたバター(食塩不使用)適量をはけでしっかり塗る。

※ オーブンは200℃に予熱する。

［作り方］

1. ボウルに卵白を入れ、泡立て器で軽くほぐす。きび砂糖とはちみつを加え、卵白のこしを切るようになじむまで混ぜる。

2. アーモンドパウダーを加え、粉けがなくなるまでしっかり混ぜる。

3. 薄力粉をふるいながら加え、なじむまで20回ほど混ぜる。アールグレイの茶葉を加え、さっと混ぜる。

4. 小鍋にバターを入れ、中火にかけて溶かし、泡立て器で絶えず混ぜながら焦がす。泡が小さくなり、沈殿物が濃い茶色になったら鍋の底を水につけ、混ぜながら1分ほど冷ます(約80℃が目安)。

5. 3のボウルに4の焦がしバターを沈殿物ごと加え、泡立て器でなじむまで混ぜる。ボウルの側面についた生地はゴムべらでこそげ落とす。

6. 型に入れ(型の9分目が目安)、台に2～3回落として表面を平らにし、凍ったままのラズベリーをのせる。200℃のオーブンで12～15分焼く。

7. しっかり焼き色がついたら型とフィナンシェの間にパレットナイフを差し込んで取り出し、網にのせる。

<u>note</u>

・さわやかな香りのアールグレイがおすすめですが、ほかの茶葉でも作れます。ティーバッグのものは茶葉が細かくなっているのでお菓子作りにはぴったり。大きい場合はすり鉢などで細かくしてください。

・ラズベリーは冷凍でも生でもOK。ブルーベリーやいちごも合います。

Financier à la framboise et au thé Earl Grey

ラズベリーとアールグレイのフィナンシェ

ラズベリーの甘酸っぱさが際立つフィナンシェです。
紅茶の香りが全体をやさしく包み込みます。

[材料と下準備] 長さ8×幅5×深さ1.8cmのオーバル型6個分

ラムレーズン
　レーズン ― 30g
　ラム酒 ― 30g
　▶ レーズンに熱湯をかけて水けをきり、ラム酒に漬けて常温でひと晩おく a

卵白 ― 2個分(60g)
　▶ 常温にもどす

きび砂糖 ― 50g

アーモンドパウダー ― 35g

A 　薄力粉 ― 30g
　　シナモンパウダー ― 少々

発酵バター(食塩不使用) ― 60g

カルダモン(ホール) ― 2〜3粒
　▶ 包丁の腹をあてて割れ目を入れ、種を取り出す b

＊型に常温にもどしたバター(食塩不使用)適量をはけでしっかり塗る。
＊オーブンは200℃に予熱する。

[作り方]

1. ボウルに卵白を入れ、泡立て器で軽くほぐす。きび砂糖を加え、卵白のこしを切るようになじむまで混ぜる。

2. アーモンドパウダーを加え、粉けがなくなるまでしっかり混ぜる。

3. **A**をふるいながら加え、なじむまで20回ほど混ぜる。

4. 小鍋にバターを入れ、中火にかけて溶かし、泡立て器で絶えず混ぜながら焦がす。泡が小さくなり、沈殿物が濃い茶色になったら鍋の底を水につけ、混ぜながら1分ほど冷ます(約80℃が目安)。

5. 3のボウルに4の焦がしバターを沈殿物ごと加え、泡立て器でなじむまで混ぜる。ボウルの側面についた生地はゴムべらでこそげ落とす。

6. 型に入れ(型の9分目が目安)、台に2〜3回落として表面を平らにする。カルダモンの種を散らし、ラムレーズンの汁けをきってのせる。200℃のオーブンで12〜15分焼く。

7. しっかり焼き色がついたら型とフィナンシェの間にパレットナイフを差し込んで取り出し、網にのせる。

note
・ラムレーズンは市販品を使ってもOK。
・カルダモンの種は1粒でも香りが強いのでフィナンシェ1個につき、3粒ほどを目安にのせましょう。独特の清涼感とピリッとした辛みがあり、アクセントになります。

Financier aux raisins secs et à la cardamome

ラムレーズンとカルダモンのフィナンシェ

ラムレーズンの甘さとカルダモンのさわやかな香りとで
大人っぽいメリハリを利かせました。

note
・生地に混ぜるジャスミンティーの茶葉はすり鉢やミルで細かくしてもOK。
・あんずの代わりにクランベリーやいちじくで作ってもおいしいです。

[材料と下準備] 長さ8×幅5×深さ1.8cmのオーバル型6個分

| あんずのジャスミン漬け
| 水 — 100g
| ジャスミンティーの茶葉 — 2g
| あんず(ドライ) — 6個(50g) ▶▶ 半分に切る

卵白 — 2個分(60g) ▶▶ 常温にもどす
きび砂糖 — 50g
はちみつ — 5g
アーモンドパウダー — 35g
薄力粉 — 25g
ジャスミンティーの茶葉 — 2g
　▶▶ ラップではさみ、めん棒を転がして細かくする a
発酵バター(食塩不使用) — 60g

＊ 型に常温にもどしたバター(食塩不使用)適量をはけでしっかり塗る。
＊ オーブンは200℃に予熱する。

[作り方]

1. あんずのジャスミン漬けを作る。小鍋に水を入れて中火にかけ、沸騰したら火を止め、ジャスミンティーの茶葉を加えてふたをし、2〜3分蒸らす。

2. 耐熱ボウルにあんずを入れ、1を茶こしでこしながら加える b。ふんわりラップをして電子レンジで2分ほど加熱し、そのまま冷ます。あんずのジャスミン漬けのできあがり。

3. ボウルに卵白を入れ、泡立て器で軽くほぐす。きび砂糖とはちみつを加え、卵白のこしを切るようになじむまで混ぜる。

4. アーモンドパウダーを加え、粉けがなくなるまでしっかり混ぜる。

5. 薄力粉をふるいながら加え、なじむまで20回ほど混ぜる。ジャスミンティーの茶葉を加え、さっと混ぜる。

6. 小鍋にバターを入れ、中火にかけて溶かし、泡立て器で絶えず混ぜながら焦がす。泡が小さくなり、沈殿物が濃い茶色になったら鍋の底を水につけ、混ぜながら1分ほど冷ます(約80℃が目安)。

7. 5のボウルに6の焦がしバターを沈殿物ごと加え、泡立て器でなじむまで混ぜる。ボウルの側面についた生地はゴムべらでこそげ落とす。

8. 型に入れ(型の9分目が目安)、台に2〜3回落として表面を平らにし、2のあんずのジャスミン漬けの汁けをきってのせる。200℃のオーブンで12〜15分焼く。

9. しっかり焼き色がついたら型とフィナンシェの間にパレットナイフを差し込んで取り出し、網にのせる。

Financier à l'abricot et au thé au jasmin

あんずとジャスミンティーのフィナンシェ

ジャスミンティーの華やかな香りとあんずの酸味が
バターが香るフィナンシェの中で際立ちます。

[材料と下準備] 長さ5×幅5×深さ1.9cmのマロン型10個分

卵白 — 2個分(60g)
  ▶ 常温にもどす
きび砂糖 — 50g
メープルシロップ — 10g
アーモンドパウダー — 35g
A｜薄力粉 — 20g
 ｜ココアパウダー — 5g
発酵バター(食塩不使用) — 60g
栗の渋皮煮 a — 70〜80g
  ▶ 2cm角に切る

※ 型に常温にもどしたバター(食塩不使用)適量をはけでしっかり塗る。
※ オーブンは200℃に予熱する。

[作り方]

1. ボウルに卵白を入れ、泡立て器で軽くほぐす。きび砂糖とメープルシロップを加え、卵白のこしを切るようになじむまで混ぜる。

2. アーモンドパウダーを加え、粉けがなくなるまでしっかり混ぜる。

3. Aをふるいながら加え、なじむまで20回ほど混ぜる。

4. 小鍋にバターを入れ、中火にかけて溶かし、泡立て器で絶えず混ぜながら焦がす。泡が小さくなり、沈殿物が濃い茶色になったら鍋の底を水につけ、混ぜながら1分ほど冷ます(約80℃が目安)。

5. 3のボウルに4の焦がしバターを沈殿物ごと加え、泡立て器でなじむまで混ぜる。ボウルの側面についた生地はゴムべらでこそげ落とす。

6. 型に入れ(型の9分目が目安)、台に2〜3回落として表面を平らにし、栗の渋皮煮をのせる。200℃のオーブンで12〜15分焼く。

7. しっかり焼き色がついたら型から取り出し、網にのせる。

note
- できあがる個数は異なりますが、通常のフィナンシェ型でも同様に作れます(P8〜9)。
- 栗の渋皮煮は鬼皮をむき、渋皮をつけたままの栗を丁寧に下ゆでしてあくを抜き、砂糖を加えて煮たもの。自家製だととてもおいしいのですが、市販品でも問題ありません。

栗とココアのフィナンシェ

ココアのほろ苦さと栗の渋皮煮の上品な甘さが
とてもよく合います。

［**材料と下準備**］長さ7×幅4×深さ2cmのフィナンシェ型8個分

卵白 —— 2個分（60g）

　　▸▸ 常温にもどす

きび砂糖 —— 50g

はちみつ —— 5g

アーモンドパウダー —— 35g

薄力粉 —— 25g

発酵バター（食塩不使用）—— 60g

ゴルゴンゾーラ —— 15〜20g

くるみ（ロースト済み）—— 8〜10g

オレガノ（ドライ）—— 少々

※ 型に常温にもどしたバター（食塩不使用）適量をはけでしっかり塗る。

※ オーブンは200℃に予熱する。

［**作り方**］

1. ボウルに卵白を入れ、泡立て器で軽くほぐす。きび砂糖とはちみつを加え、卵白のこしを切るようになじむまで混ぜる。

2. アーモンドパウダーを加え、粉けがなくなるまでしっかり混ぜる。

3. 薄力粉をふるいながら加え、なじむまで20回ほど混ぜる。

4. 小鍋にバターを入れ、中火にかけて溶かし、泡立て器で絶えず混ぜながら焦がす。泡が小さくなり、沈殿物が濃い茶色になったら鍋の底を水につけ、混ぜながら1分ほど冷ます（約80℃が目安）。

5. 3のボウルに4の焦がしバターを沈殿物ごと加え、泡立て器でなじむまで混ぜる。ボウルの側面についた生地はゴムべらでこそげ落とす。

6. 型に入れ（型の9分目が目安）、台に2〜3回落として表面を平らにする。ゴルゴンゾーラを小さくちぎりながら散らし、くるみを割ってのせ、オレガノをふる。200℃のオーブンで12〜15分焼く。

7. しっかり焼き色がついたら型とフィナンシェの間にパレットナイフを差し込んで取り出し、網にのせる。

note

・ゴルゴンゾーラを使用しましたが、好みのブルーチーズで構いません。

・オレガノの代わりにローズマリー、ミント、タイムなども合います。

Financier aux noix et au gorgonzola

くるみとゴルゴンゾーラのフィナンシェ

甘塩っぱさがくせになるフィナンシェです。

ゴルゴンゾーラの香りと相性のよいナッツやドライハーブも加えました。

［**材料と下準備**］長さ8×幅5×深さ1.8㎝のオーバル型6個分

卵白 —— 2個分（60g）

　▸▸ 常温にもどす

きび砂糖 —— 50g

はちみつ —— 5g

アーモンドパウダー —— 35g

A ｜ 薄力粉 —— 20g

　　｜ 抹茶 —— 8g

発酵バター（食塩不使用） —— 60g

粒あん —— 30g

＊ 型に常温にもどしたバター（食塩不使用）適量をはけでしっかり塗る。

＊ オーブンは200℃に予熱する。

［**作り方**］

1. ボウルに卵白を入れ、泡立て器で軽くほぐす。きび砂糖とはちみつを加え、卵白のこしを切るようになじむまで混ぜる。

2. アーモンドパウダーを加え、粉けがなくなるまでしっかり混ぜる。

3. **A**をふるいながら加え、なじむまで20回ほど混ぜる。

4. 小鍋にバターを入れ、中火にかけて溶かし、泡立て器で絶えず混ぜながら焦がす。泡が小さくなり、沈殿物が濃い茶色になったら鍋の底を水につけ、混ぜながら1分ほど冷ます（約80℃が目安）。

5. **3**のボウルに**4**の焦がしバターを沈殿物ごと加え、泡立て器でなじむまで混ぜる。ボウルの側面についた生地はゴムべらでこそげ落とす。

6. 型に入れ（型の9分目が目安）、台に2〜3回落として表面を平らにし、粒あんをのせる。200℃のオーブンで12〜15分焼く。

7. しっかり焼き色がついたら型とフィナンシェの間にパレットナイフを差し込んで取り出し、網にのせる。

Financier au matcha et à la pâte de haricots rouges

抹茶と粒あんのフィナンシェ

和菓子のような味わいの中に、バターやアーモンドのコクが見事に同居。

粒あんの代わりにゆであずきや甘納豆でもおいしいです。

［材料と下準備］長さ8.5×幅4.2×深さ1.2cmのフィナンシェ型8個分

卵白 —— 2個分(60g)
　▸▸ 常温にもどす

きび砂糖 —— 50g

はちみつ —— 5g

アーモンドパウダー —— 35g

A ｜ 薄力粉 —— 20g
　｜ きな粉 a —— 15g

発酵バター（食塩不使用）—— 60g

黒いりごま —— 適量

＊ 型に常温にもどしたバター（食塩不使用）適量をはけでしっかり塗る。
＊ オーブンは200℃に予熱する。

［作り方］

1. ボウルに卵白を入れ、泡立て器で軽くほぐす。きび砂糖とはちみつを加え、卵白のこしを切るようになじむまで混ぜる。

2. アーモンドパウダーを加え、粉けがなくなるまでしっかり混ぜる。

3. Aをふるいながら加え、なじむまで20回ほど混ぜる。

4. 小鍋にバターを入れ、中火にかけて溶かし、泡立て器で絶えず混ぜながら焦がす。泡が小さくなり、沈殿物が濃い茶色になったら鍋の底を水につけ、混ぜながら1分ほど冷ます(約80℃が目安)。

5. 3のボウルに4の焦がしバターを沈殿物ごと加え、泡立て器でなじむまで混ぜる。ボウルの側面についた生地はゴムべらでこそげ落とす。

6. 型に入れ（型の9分目が目安）、台に2〜3回落として表面を平らにし、黒いりごまをふる。200℃のオーブンで12〜15分焼く。

7. しっかり焼き色がついたら型とフィナンシェの間にパレットナイフを差し込んで取り出し、網にのせる。

note
・きな粉は大豆をいって粉末にしたもの。大豆特有の臭みはなく、香ばしさとやさしい甘みがあります。
・黒いりごまの代わりに粒あんをのせて焼いてもOK。

Financier au kinako et au sésame noir

きな粉と黒ごまのフィナンシェ

きな粉の風味をしっかり利かせています。
黒ごまがちょっとしたアクセントに。

[材料と下準備] 長さ8×幅5×深さ1.8cmのオーバル型6個分

卵白 —— 2個分(60g)
　▸ 常温にもどす
きび砂糖 —— 50g
アーモンドパウダー —— 35g
薄力粉 —— 25g
トンカ豆 a —— ¼個分(0.2g)
　▸ グレーター(またはおろし器)で削る b
発酵バター(食塩不使用) —— 60g
桜の花の塩漬け c —— 6枚
　▸ 塩を洗い流し、水に5分ほどさらして水けを拭く

※ 型に常温にもどしたバター(食塩不使用)適量をはけでしっかり塗る。
※ オーブンは200℃に予熱する。

[作り方]

1. ボウルに卵白を入れ、泡立て器で軽くほぐす。きび砂糖を加え、卵白のこしを切るようになじむまで混ぜる。

2. アーモンドパウダーを加え、粉けがなくなるまでしっかり混ぜる。

3. 薄力粉をふるいながら加え、なじむまで20回ほど混ぜる。トンカ豆を加え、さっと混ぜる。

4. 小鍋にバターを入れ、中火にかけて溶かし、泡立て器で絶えず混ぜながら焦がす。泡が小さくなり、沈殿物が濃い茶色になったら鍋の底を水につけ、混ぜながら1分ほど冷ます(約80℃が目安)。

5. 3のボウルに4の焦がしバターを沈殿物ごと加え、泡立て器でなじむまで混ぜる。ボウルの側面についた生地はゴムべらでこそげ落とす。

6. 型に入れ(型の9分目が目安)、台に2〜3回落として表面を平らにし、桜の花の塩漬けをのせる。200℃のオーブンで12〜15分焼く。

7. しっかり焼き色がついたら型とフィナンシェの間にパレットナイフを差し込んで取り出し、網にのせる。

note

・トンカ豆にはバニラ、桜、杏仁、シナモン、アーモンドなどを想像させる、奥行きのある上品な香りがあります。製菓材料店などで購入可能ですが、手に入らない場合は、バニラビーンズペースト少々で代用しても構いません。

・桜の花の塩漬けは桜の花(主に八重桜)を塩や梅酢などで漬け込んだもの。塩抜きをしてから使用してください。

Financier aux fèves de tonka et aux fleurs de cerisier salées

トンカ豆と桜のフィナンシェ

春をイメージした品のよいフィナンシェです。
実はトンカ豆と桜の甘い香りは、同じ成分によるものなんです。

[材料と下準備] 長さ8×幅5×深さ1.8cmのオーバル型6個分

| いちごジャム
| いちご —— 8〜10個(正味100g) ▶▶ へたを取る
| グラニュー糖 —— 30g
卵白 —— 2個分(60g) ▶▶ 常温にもどす
きび砂糖 —— 50g
はちみつ —— 5g
アーモンドパウダー —— 30g
よもぎパウダー —— 3g
薄力粉 —— 20g
発酵バター(食塩不使用) —— 60g

※ 型に常温にもどしたバター(食塩不使用)適量をはけでしっかり塗る。
※ オーブンは200℃に予熱する。

[作り方]

1. いちごジャムを作る。小鍋にいちごを入れてグラニュー糖をふりかけ、1時間ほどおいて水分を出す。中火にかけ、ゴムべらでいちごをつぶしながら水分を飛ばすように2〜3分煮詰める a 。とろみがついたら耐熱容器に移して冷ます。

2. ボウルに卵白を入れ、泡立て器で軽くほぐす。きび砂糖とはちみつを加え、卵白のこしを切るようになじむまで混ぜる。

3. アーモンドパウダーを加え、粉けがなくなるまでしっかり混ぜる。よもぎパウダーを加え、なじむまで混ぜる。

4. 薄力粉をふるいながら加え、なじむまで20回ほど混ぜる。

5. 小鍋にバターを入れ、中火にかけて溶かし、泡立て器で絶えず混ぜながら焦がす。泡が小さくなり、沈殿物が濃い茶色になったら鍋の底を水につけ、混ぜながら1分ほど冷ます(約80℃が目安)。

6. 4のボウルに5の焦がしバターを沈殿物ごと加え、泡立て器でなじむまで混ぜる。ボウルの側面についた生地はゴムべらでこそげ落とす。

7. 型に入れ(型の9分目が目安)、台に2〜3回落として表面を平らにし、1のいちごジャムをのせる b 。200℃のオーブンで12〜15分焼く。

8. しっかり焼き色がついたら型とフィナンシェの間にパレットナイフを差し込んで取り出し、網にのせる。

note

・市販品のいちごジャムを使用する場合、果肉が残っているタイプをお使いください。
・よもぎパウダーは、ここでは繊維が残っているタイプを使用しています。よもぎパウダーの代わりに抹茶で作っても合います。

Financier à la fraise et à l'armoise

いちごとよもぎのフィナンシェ

果肉感のあるいちごジャムをトッピング。
よもぎの野趣あふれる香りがいちごの甘みを引き立てます。

［材料と下準備］長さ7×幅4×深さ2cmのフィナンシェ型8個分

いちじくのみりん漬け
いちじく(ドライ) — 50g ▸▸ 1cm角に切る
みりん — 30g

卵白 — 2個分(60g) ▸▸ 常温にもどす
きび砂糖 — 50g
はちみつ — 5g
アーモンドパウダー — 30g
白みそ — 20g
薄力粉 — 25g
発酵バター(食塩不使用) — 50g

＊ 型に常温にもどしたバター(食塩不使用)適量をはけでしっかり塗る。
＊ オーブンは200℃に予熱する。

［作り方］

1. いちじくのみりん漬けを作る。耐熱ボウルにいちじくを入れてみりんを回しかけ、ラップをせずに電子レンジで1分ほど加熱し、そのまま冷ます a。

2. ボウルに卵白を入れ、泡立て器で軽くほぐす。きび砂糖とはちみつを加え、卵白のこしを切るようになじむまで混ぜる。

3. アーモンドパウダーを加え、粉けがなくなるまでしっかり混ぜる。白みそを加え、なじむまで混ぜる。

4. 薄力粉をふるいながら加え、なじむまで20回ほど混ぜる。

5. 小鍋にバターを入れ、中火にかけて溶かし、泡立て器で絶えず混ぜながら焦がす。泡が小さくなり、沈殿物が濃い茶色になったら鍋の底を水につけ、混ぜながら1分ほど冷ます(約80℃が目安)。

6. 4のボウルに5の焦がしバターを沈殿物ごと加え、泡立て器でなじむまで混ぜる。さらに1のいちじくのみりん漬けを汁ごと加え、さっと混ぜる。ボウルの側面についた生地はゴムべらでこそげ落とす。

7. 型に入れ(型の9分目が目安)、台に2〜3回落として表面を平らにする。200℃のオーブンで12〜15分焼く。

8. しっかり焼き色がついたら型とフィナンシェの間にパレットナイフを差し込んで取り出し、網にのせる。

note
- ほかのフィナンシェに比べてやや焦げやすいので、焼き時間や温度に注意してください。
- 白みそは生地がゆるいうちに加え、よくなじませます。
- いちじくの代わりにあんずで作ってもおいしいです。

Financier aux figues et au miso blanc

いちじくと白みそのフィナンシェ

白みそのやさしい塩味と甘さが個性的です。
いちじくはみりんで下味をつけて、和の風味でそろえます。

卵黄で作るお菓子

フィナンシェは卵白しか使わないので、卵黄が余ってしまいます。
その卵黄を使って作るのにおすすめのお菓子たちです。
もちろん、焼きたてがおいしいものばかりです。

卵黄で作るお菓子

アメリカンクッキー

チョコチップたっぷりの大きめクッキー。
生地がやわらかいので冷やしてから手早く成形します。

[材料と下準備] 7個分

A | バター（食塩不使用）— 50g
  | ブラウンシュガー — 100g

B | 卵黄 — 2個分(40g)
  | ▸▸ 常温にもどす
  | 牛乳 — 50g
  | 塩 — 1g

C | 薄力粉 — 150g
  | ベーキングパウダー — 4g

チョコチップ — 50g + 10g
アーモンドスライス — 適量
打ち粉(強力粉) — 適量

＊ オーブンは170℃に予熱する。

[作り方]

1. 耐熱ボウルにAを入れ、ふんわりラップをして電子レンジで1分〜1分30秒加熱し、バターを溶かす。泡立て器でブラウンシュガーがなじむまで混ぜる。

2. Bを加え、なじむまで混ぜる。

3. Cをふるいながら加える。ゴムべらに持ち替え、片手でボウルを手前に回しながら、底から大きくすくい返すようにして全体を20回ほど混ぜる。粉が少し残るくらいになったらチョコチップ50gを加え a 、同様に5回ほど混ぜる。ラップをして冷蔵室で1時間ほど冷やす。

4. 3を7等分(1個約60g)にして、オーブン用シートを敷いた天板に間隔をあけて並べる b 。手に打ち粉をつけて丸め c 、天板に戻し、中央を少しくぼませて直径6cmほどに広げる d 。アーモンドスライスとチョコチップ10gをのせる e 。

5. 170℃のオーブンで15〜20分焼き、表面に焼き色がついたら網にのせる。

47

卵黄で作るお菓子

スイートポテト

焼きいもの香ばしさを閉じ込めました。
バターや生クリームでリッチに仕上げます。

[材料と下準備] 8〜9個分

焼きいも(市販品) — 正味300g
　▸▸ 皮をむく。冷めている場合は耐熱ボウルに入れ、ふんわりラップをして電子レンジで2〜3分加熱し、温める

A ┃ バター(食塩不使用) — 20g
　┃ 生クリーム(乳脂肪分35%) — 30g
　┃ きび砂糖 — 40g
　┃ 塩 — 1g

卵黄 — 2個分(40g)
　▸▸ 常温にもどして溶きほぐし、30gと10gに分ける

薄力粉 — 30g

※ オーブンは180℃に予熱する。

[作り方]

1. 耐熱ボウルに焼きいもを入れ、泡立て器で大きなかたまりがなくなるまでつぶす a 。

2. Aを加え、ふんわりラップをして b 電子レンジで1分ほど加熱し、ゴムべらでなめらかになるまで混ぜる。卵黄30gを加え、なじむまで混ぜる。

3. 薄力粉をふるいながら加える。ゴムべらで縦に2〜3回切り、片手でボウルを手前に回しながら、底から大きくすくい返すようにして全体を10回ほど混ぜる。粉けがなくなったら c ラップをして冷蔵室で30分〜1時間冷やす。

4. 3を約50gずつラップで包み、上部をひねりながら丸く整える d 。ラップをはずしてオーブン用シートを敷いた天板に間隔をあけて並べ、はけで卵黄10gを塗る e 。

5. 180℃のオーブンで15分ほど焼き、表面に焼き色がついたら網にのせる。

note
・焼きいもによって水分量が異なります。2で卵黄を混ぜたあと、生地がパサついている場合は牛乳少々(分量外)を加え、なめらかな状態に調節してください。
・口金をつけた絞り出し袋に生地を入れ、好みの形に絞って焼いてもOK。その場合は3で冷やす必要はありません。
・薄力粉といっしょに好みでシナモンパウダー少々を加えても合います。

卵黄で作るお菓子

ガレット・ブルトンヌ

フランス・ブルターニュ地方の焼き菓子です。
バターが大事なお菓子なのでぜひ風味のよい発酵バターで。

［材料と下準備］直径6cmのセルクル6〜7個分
発酵バター（食塩不使用）── 150g＋適量
　▸▸ 常温にもどす a
きび砂糖 ── 90g
粗塩 ── 2g
卵黄 ── 2個分(40g)
　▸▸ 常温にもどして溶きほぐし、30gと10gに分ける
ラム酒 ── 15g
薄力粉 ── 150g
打ち粉(強力粉) ── 適量

＊ オーブンは170℃に予熱する。

［作り方］

1. ボウルにバター150gを入れてゴムべらでなめらかになるまで練り、きび砂糖を加えてなじむまで練り混ぜる。

2. 粗塩と卵黄30gの½量(15g)を加え、泡立て器でなじむまで混ぜる。残りの卵黄(15g)とラム酒を加え、さらに混ぜる。

3. 薄力粉をふるいながら加える。ゴムべらに持ち替え、縦に2〜3回切り b、片手でボウルを手前に回しながら、底から大きくすくい返すようにして全体を15回ほど混ぜる c。粉けがなくなったら厚さ3cmほどになるようにラップで包み、冷蔵室で1時間ほど冷やす。

4. ラップ2枚ではさみ、めん棒で厚さ1.5cmほどにのばす。ラップで包み、さらに冷凍室で1時間ほど冷やし固める。

5. 打ち粉をつけたセルクルで抜く d。余った生地はまとめ、ラップ2枚ではさんでめん棒で厚さ1.5cmほどにのばし、打ち粉をつけたセルクルで抜く。さらに余った生地はまとめて丸める。

6. オーブン用シートを敷いた天板に間隔をあけて並べ、はけで卵黄10gを塗り、フォークで模様をつける e。セルクルの内側に指でバター適量をしっかり塗り、生地に1個ずつかぶせる f。

7. 170℃のオーブンで30〜40分焼く。表面に焼き色がついたらセルクルをはずし、網にのせる。

note
・だれやすいので、4で生地をのばしたあと、冷凍室で冷やし固めるのがポイント。そうすると抜きやすくなり、表面がきれいに仕上がります。
・厚焼きが特徴の焼き菓子なので生地が広がらないよう、セルクルをかぶせて焼きます。セルクルの内側にバターを厚めに塗り、生地がつかないようにしてください。

スコーン

基本の材料

薄力粉
国産小麦の「ドルチェ」を使用。自然な甘みがあり、しっとりと焼きあがります。

強力粉
江別製粉の「はるゆたかブレンド」を使用。「はるゆたか」をメインに数種類の国産小麦をブレンドした粉で、もっちり、ふっくらと仕上がります。

ベーキングパウダー
生地を膨らませる膨張剤。アルミニウム不使用のものを使っています。

きび砂糖
きび砂糖の一種である「素焚糖®」を使用。味にくせがなく、甘みと風味のバランスがよくて、素材の味の邪魔をしません。ほかのきび砂糖でもOK。

スコーンもまた日本で人気のお菓子ですが、こちらはイギリスのスコットランドにルーツがあります。16世紀に原形となるお菓子が生まれ、19世紀半ばには今の形になりました。スコットランドにある「スコーン城」がその名の由来とされ、その城にあった王座の土台となっていた石の形を模して成形されるようになったそうです。

お菓子とはいっても、パンに近い存在です。なので粉は半分を強力粉にします。ベーキングパウダーをやや多めに入れて、しっかり膨らませましょう。生地をまとめたら、何度か重ねます。こうすることでザクザクとした心地よい食感が生まれます。

注意点としては材料をしっかり冷やしておくことです。バターがだれてしまうとしっかり膨らまず、食感が悪いスコーンになってしまいます。特に暖かい季節は気をつけてください。フードプロセッサーを使うと生地の温度が上がりにくいので成功しやすいでしょう。

フィナンシェと同様、この生地も冷凍保存できます。成形したものを冷凍室に入れておけば、好きなときに焼いて食べられます。多めに作って、半分は冷凍しておくのもよいでしょう。

どのレシピも愛おしいのですが、シンプルに基本の「スコーン」(P54)は飽きないおいしさがあります。そのまま食べてもおいしいですし、クロテッドクリームやジャムをつけて食べるのも美味。ぜひお試しください。

塩

粗塩を使用していますが、ごく少量しか使わないので、特に厳密に指定するものではありません。

発酵バター（食塩不使用）

フィナンシェと同様、食塩不使用の発酵バターがおすすめです。冷たい状態で作業して、だれないように気をつけてください。

牛乳

ごく一般的なものを使用。低脂肪／無脂肪牛乳は避けてください。

プレーンヨーグルト（無糖）

無糖のプレーンヨーグルトなら一般的なもので構いません。水きりせずに使用します。

スコーン
基本の作り方

[材料と下準備] 8個分

A | 薄力粉 — 150 g
　| 強力粉 — 150 g
　| ベーキングパウダー — 8 g
　| きび砂糖 — 50 g
　| 塩 — 2.5 g

発酵バター（食塩不使用）— 100 g
　▸▸ 1.5cm角に切り、冷蔵室で冷やしておく

B | 牛乳 — 120 g
　| プレーンヨーグルト（無糖）— 40 g
　▸▸ 混ぜて冷蔵室で冷やしておく

＊ オーブンは200℃に予熱する。

ボウルに **A** を入れて泡立て器でさっと混ぜ、冷凍室で30分ほど（または冷蔵室で1時間ほど）冷やす。

フードプロセッサーに **1** とバターを入れ、▸▸▸▸

15〜20秒攪拌する。粉チーズくらいの細かさになったら1のボウルに戻す。

◎フードプロセッサーがない場合は、1のボウルにバターを加え、指先でバターをつぶすようにしながら粉類となじませます。バターのかたまりが小さくなってきたらときどき両手でこすり合わせて細かくし、再び冷凍室で30分ほど(または冷蔵室で1時間ほど)冷やします。

Bを回し入れる。縦に切るようにゴムべらを入れ、片手でボウルを手前に回しながら、底から大きくすくい返すようにして全体を25〜30回混ぜる。▶▶▶▶

粉けが少し残るくらいになったら▶▶▶▶

強めに30回ほど押しつけてまとめる。

大きめに切り出したラップに移し、ラップで覆いながら長方形に整える。▶▶▶▶

ラップの上からめん棒で20×14cmほどにのばし、▶▶▶▶
◎のばしている途中で生地がゆるんだ場合、冷凍室で10分ほど（または冷蔵室で30分ほど）冷やしてから半分に切って重ねる作業を行ってください。

ラップを広げ、カードで半分に切って重ねる。▶▶▶▶

57

同様にあと2回繰り返す。
◎ラップの長さが足りない場合やラップ1枚だと作業しにくい場合は、もう1枚を上からかぶせ、ラップ2枚ではさむようにして作業しても。

3回重ねたら、最後はラップの上から16×8×高さ3.5cmほどにのばし、カードで形を整える。ラップで包み、冷凍室で10分ほど(または冷蔵室で30分ほど)冷やす。

四辺を薄く切り落とし、▶▶▶▶

8等分に切り分ける。切り落とした生地は軽くまとめる。
▶▶▶▶

天板に間隔をあけて並べ、手で軽く押さえる。200℃のオーブンで15〜20分焼く。
◎天板にオーブン用シートを敷かずに焼きますが、敷いてもOKです。

◎三角形に切る場合は、5で13×13×高さ3.5cmほどにのばし、6で四辺を切り落とさずに放射状に8等分に切り分けます。

表面に焼き色がついたら網にのせる。
◎焼きあがりのサイズは、四角なら5×5×高さ4〜5cm、三角なら9×7×高さ4〜5cmが目安です。

note

- スコーンは生地温度が大切。材料は冷やし、作業はなるべく素早く行いましょう。

- 翌日以降にいただくときはオーブントースター（または200℃に予熱したオーブン）で2〜3分リベイクするとおいしいです。

- 常温保存をする場合は保存容器に入れておきます。期限は2〜3日を目安にしてください。

- 冷凍保存をする場合は、1個ずつラップで包み、ジッパーつき保存袋（冷凍用）に入れて冷凍室へ。期限は約3週間を目安にしてください。

- 焼く前の生地を冷凍保存することもできます。6の切り分けた状態でラップで包み、ジッパーつき保存袋（冷凍用）に入れ、できるだけ空気を抜いて口を閉じ a 、冷凍室へ。保存期限は約3週間。焼くときは冷蔵室に移し、ゆっくりと解凍してから通常どおりに焼いてください。生地が凍った状態で焼くと、中心までしっかりと焼けない可能性があります。

［材料と下準備］8個分

A｜薄力粉 — 100g
　｜強力粉 — 100g
　｜全粒粉(菓子用) a — 100g
　｜ベーキングパウダー — 8g
　｜きび砂糖 — 50g
　｜ブラウンシュガー — 20g
　｜塩 — 2.5g

発酵バター(食塩不使用) — 100g
　▶︎ 1.5cm角に切り、冷蔵室で冷やしておく

B｜牛乳 — 120g
　｜プレーンヨーグルト(無糖) — 30g
　▶︎ 混ぜて冷蔵室で冷やしておく

粗精糖(またはグラニュー糖) — 適量

＊ オーブンは200℃に予熱する。

［作り方］

1. ボウルに A を入れて泡立て器でさっと混ぜ、冷凍室で30分ほど(または冷蔵室で1時間ほど)冷やす。

2. フードプロセッサーに 1 とバターを入れ、15〜20秒攪拌する。粉チーズくらいの細かさになったら 1 のボウルに戻す。

3. B を回し入れる。縦に切るようにゴムべらを入れ、片手でボウルを手前に回しながら、底から大きくすくい返すようにして全体を25〜30回混ぜる。粉けが少し残るくらいになったら強めに30回ほど押しつけてまとめる。

4. 大きめに切り出したラップに移し、ラップで覆いながら長方形に整える。ラップの上からめん棒で20×14cmほどにのばし、ラップを広げ、カードで半分に切って重ねる。同様にあと2回繰り返す。

5. 3回重ねたら、最後はラップの上から16×8×高さ3.5cmほどにのばし、カードで形を整える。ラップで包み、冷凍室で10分ほど(または冷蔵室で30分ほど)冷やす。

6. 四辺を薄く切り落とし、表面に粗精糖をまぶし、8等分に切り分ける。切り落とした生地は軽くまとめる。天板に間隔をあけて並べ、手で軽く押さえる。200℃のオーブンで15〜20分焼く。

7. 表面に焼き色がついたら網にのせる。

note

・全粒粉は小麦を丸ごと挽いた粉。精製した小麦粉に比べてビタミン、ミネラル、食物繊維が多く、香ばしさが楽しめます。たんぱく質量が少ない菓子用がおすすめです。
・粗精糖は原料糖とも呼ばれ、サトウキビの搾り汁を煮詰め、砂糖の結晶を作り、液体と分離したもの。粗精糖をまぶして焼くと見た目や食感のアクセントになります。なければグラニュー糖で代用してください。

Whole Wheat Scone

全粒粉のスコーン

お店に出しているスコーンの中でいちばん人気。
味わい深い全粒粉の風味が、いつ食べてもおいしいんです。

61

[材料と下準備] 8個分

A | 薄力粉 — 100g
　　| 強力粉 — 100g
　　| ベーキングパウダー — 6g
　　| きび砂糖 — 50g
　　| 塩 — 2g

発酵バター(食塩不使用) — 65g ▶▶ 1.5cm角に切り、冷蔵室で冷やしておく

B | 牛乳 — 70g
　　| プレーンヨーグルト(無糖) — 30g
　　| ▶▶ 混ぜて冷蔵室で冷やしておく

C | 製菓用チョコレート(カカオ分65%前後) — 50g
　　| ピーカンナッツ(ローストずみ) — 50g
　　| ▶▶ それぞれ1cm角に切る a

✳ オーブンは200℃に予熱する。

[作り方]

1. ボウルに **A** を入れて泡立て器でさっと混ぜ、冷凍室で30分ほど(または冷蔵室で1時間ほど)冷やす。

2. フードプロセッサーに **1** とバターを入れ、15〜20秒撹拌する。粉チーズくらいの細かさになったら **1** のボウルに戻す。

3. **B** を回し入れる。縦に切るようにゴムべらを入れ、片手でボウルを手前に回しながら、底から大きくすくい返すようにして全体を15回ほど混ぜる。**C** を加え、同様に10〜15回混ぜる。粉けが少し残るくらいになったら強めに30回ほど押しつけてまとめる。

4. 大きめに切り出したラップに移し、ラップで覆いながら長方形に整える。ラップの上からめん棒で20×14cmほどにのばし、ラップを広げ、カードで半分に切って重ねる。同様にあと2回繰り返す。

5. 3回重ねたら、最後はラップの上から16×8×高さ3.5cmほどにのばし、カードで形を整える。ラップで包み、冷凍室で10分ほど(または冷蔵室で30分ほど)冷やす。

6. 四辺を薄く切り落とし、8等分に切り分ける。切り落とした生地は軽くまとめる。天板に間隔をあけて並べ、手で軽く押さえる。200℃のオーブンで15〜20分焼く。

7. 表面に焼き色がついたら網にのせる。

note
- 具が多めのときは基本のスコーンに比べて粉量が少なくなっています。
- ピーカンナッツの代わりにくるみやアーモンドでも。

Chocolate Chunk and Pecan Scone

チョコチャンクとピーカンナッツのスコーン

豪快な食べごたえ！ピーカンナッツが食感のアクセントに。
満足感の高いパワフルなスコーンです。

［材料と下準備］8個分

マサラチャイ
　水 — 50g
　マサラチャイの茶葉 a — 5g
　牛乳 — 150g
A　薄力粉 — 150g
　　強力粉 — 150g
　　ベーキングパウダー — 8g
　　きび砂糖 — 50g
　　塩 — 2.5g

発酵バター（食塩不使用）— 100g
▸▸ 1.5cm角に切り、冷蔵室で冷やしておく
B　シナモンパウダー — 3g
　　カルダモンパウダー — 2g
プレーンヨーグルト（無糖）— 30g
▸▸ 冷蔵室で冷やしておく
粗精糖（またはグラニュー糖）— 適量

＊ オーブンは200℃に予熱する。

［作り方］

1. マサラチャイを作る。小鍋に水を入れて中火にかけ、沸騰したら火を止め、マサラチャイの茶葉を加えてふたをし、3分ほど蒸らす。ふたを取り、牛乳を加えて弱めの中火で2〜3分煮る。こして b 冷まし、冷蔵室で冷やしておく。

2. ボウルに A を入れて泡立て器でさっと混ぜ、冷凍室で30分ほど（または冷蔵室で1時間ほど）冷やす。

3. フードプロセッサーに 2 とバターを入れ、15〜20秒攪拌する。粉チーズくらいの細かさになったら 2 のボウルに戻す。

4. B を加えてゴムべらでさっと混ぜ、1 のマサラチャイを回し入れ、ヨーグルトを加える。縦に切るようにゴムべらを入れ、片手でボウルを手前に回しながら、底から大きくすくい返すようにして全体を25〜30回混ぜる。粉けが少し残るくらいになったら強めに30回ほど押しつけてまとめる。

5. 大きめに切り出したラップに移し、ラップで覆いながら長方形に整える。ラップの上からめん棒で20×14cmほどにのばし、ラップを広げ、カードで半分に切って重ねる。同様にあと2回繰り返す。

6. 3回重ねたら、最後はラップの上から16×8×高さ3.5cmほどにのばし、カードで形を整える。ラップで包み、冷凍室で10分ほど（または冷蔵室で30分ほど）冷やす。

7. 四辺を薄く切り落とし、表面に粗精糖をまぶし、8等分に切り分ける。切り落とした生地は軽くまとめる。天板に間隔をあけて並べ、手で軽く押さえる。200℃のオーブンで15〜20分焼く。

8. 表面に焼き色がついたら網にのせる。

note
・マサラチャイとはチャイ（甘いミルクティー）にスパイスを加えたもの。今回は紅茶の茶葉にしょうが、シナモン、カルダモンなどがブレンドされたものを使用しています。マサラチャイの茶葉がない場合は、アッサムやダージリンの茶葉でも構いません。

Masala Chai Scone

マサラチャイのスコーン

さまざまなスパイスの風味が複雑に絡み合って、
紅茶によく合うスコーンになっています。

[材料と下準備] 8個分

ブルーベリージャム
| ブルーベリー — 100g
| グラニュー糖 — 30g

A | 薄力粉 — 100g
| 強力粉 — 100g
| ベーキングパウダー — 6g
| きび砂糖 — 40g
| 塩 — 1g

発酵バター（食塩不使用）— 65g
▶ 1.5cm角に切り、冷蔵室で冷やしておく

B | 牛乳 — 70g
| プレーンヨーグルト（無糖）— 20g
▶ 混ぜて冷蔵室で冷やしておく

クリームチーズ — 100g
▶ 2cm角に切り、冷蔵室で冷やしておく

＊ オーブンは200℃に予熱する。

[作り方]

1. ブルーベリージャムを作る。小鍋にブルーベリーを入れてグラニュー糖をふりかけ、1時間ほどおいて水分を出す。中火にかけ、ゴムべらで絶えず混ぜながら水分を飛ばすように2～3分煮詰める。とろみがついたら a 耐熱容器に移して冷ます。

2. ボウルに A を入れて泡立て器でさっと混ぜ、冷凍室で30分ほど（または冷蔵室で1時間ほど）冷やす。

3. フードプロセッサーに 2 とバターを入れ、15～20秒攪拌する。粉チーズくらいの細かさになったら 2 のボウルに戻す。

4. B を回し入れる。縦に切るようにゴムべらを入れ、片手でボウルを手前に回しながら、底から大きくすくい返すようにして全体を15回ほど混ぜる。1 のブルーベリージャムとクリームチーズを加え、同様に10～15回混ぜる。粉けが少し残るくらいになったら強めに30回ほど押しつけてまとめる。

5. 大きめに切り出したラップに移し、ラップで覆いながら長方形に整える。ラップの上からめん棒で20×14cmほどにのばし、ラップを広げ、カードで半分に切って重ねる。同様にあと2回繰り返す。

6. 3回重ねたら、最後はラップの上から13×13×高さ3.5cmほどにのばし、カードで形を整える。ラップで包み、冷凍室で10分ほど（または冷蔵室で30分ほど）冷やす。

7. 放射状に8等分に切り分ける。天板に間隔をあけて並べ、手で軽く押さえる。200℃のオーブンで15～20分焼く。

8. 表面に焼き色がついたら網にのせる。

note
・ブルーベリーは冷凍でもOK。いちごやラズベリーでも構いません。市販品のジャムを使用する場合は果肉が多いものをお使いください。

Blueberry and Cream Cheese Scone

ブルーベリーとクリームチーズのスコーン

2つの酸味と甘さ、まろやかさが重なり合って、
ケーキのような幸福感あるスコーンになりました。

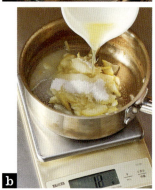

［材料と下準備］8個分

レモンピール
- レモン ― 1個（果汁25g、皮80g）
- グラニュー糖 ― 40g
  （ゆでたレモンの皮の正味重量の50％）

A
- 薄力粉 ― 100g
- 強力粉 ― 100g
- ベーキングパウダー ― 6g
- きび砂糖 ― 40g
- 塩 ― 1g

発酵バター（食塩不使用）― 65g
▶ 1.5cm角に切り、冷蔵室で冷やしておく

B
- 牛乳 ― 80g
- プレーンヨーグルト（無糖）― 30g
▶ 混ぜて冷蔵室で冷やしておく

＊ オーブンは200℃に予熱する。

［作り方］

1. レモンピールを作る。レモンは横半分に切り、果汁を搾る。皮（果汁を搾ったあとの残りのレモン）はさらに縦4等分に切ってから薄切りにする。

2. 小鍋にレモンの皮とたっぷりの水を入れて中火にかけ、沸騰したら白い部分が透き通るまで15分ほどゆで **a**、ざるに上げて水けをきる。

3. レモンの皮を鍋に戻しながら重量を量り、グラニュー糖と1のレモン果汁を加える **b**。中火にかけ、グラニュー糖が溶けたらゴムべらで混ぜながら5分ほど煮る。汁けがほぼなくなったら **c** 耐熱容器に移して冷ます。レモンピールのできあがり。トッピング用に少々を取り分けておく。

4. ボウルに **A** を入れて泡立て器でさっと混ぜ、冷凍室で30分ほど（または冷蔵室で1時間ほど）冷やす。

5. フードプロセッサーに4とバターを入れ、15～20秒攪拌する。粉チーズくらいの細かさになったら4のボウルに戻す。

6. **B** を回し入れる。縦に切るようにゴムべらを入れ、片手でボウルを手前に回しながら、底から大きくすくい返すようにして全体を15回ほど混ぜる。3のレモンピールを加え、同様に10～15回混ぜる。粉けが少し残るくらいになったら強めに30回ほど押しつけてまとめる。

7. 大きめに切り出したラップに移し、ラップで覆いながら長方形に整える。ラップの上からめん棒で20×14cmほどにのばし、ラップを広げ、カードで半分に切って重ねる。同様にあと2回繰り返す。

8. 3回重ねたら、最後はラップの上から13×13×高さ3.5cmほどにのばし、カードで形を整える。ラップで包み、冷凍室で10分ほど（または冷蔵室で30分ほど）冷やす。

9. 放射状に8等分に切り分ける。天板に間隔をあけて並べ、手で軽く押さえ、3のトッピング用のレモンピールをのせる。200℃のオーブンで15～20分焼く。

10. 表面に焼き色がついたら網にのせる。

note
- レモンピールは市販品を使っても構いません。簡単に作れるよう、1回ゆでこぼすだけなので多少の苦みが残ります。苦みが気になる場合は追加で2～3回ゆでこぼしてください。

Lemon Peel Scone
レモンピールのスコーン

せっかくですからレモンピールも手作りしてみては？
レモンの香りとほろ苦さを存分に感じられます。

note
- オレンジの代わりに甘夏や伊予柑などの柑橘類で作ってもOK。
- オレンジの皮は1回ゆでこぼすだけの簡単レシピなので多少の苦みが残ります。苦みが気になる場合は追加で2〜3回ゆでこぼしてください。

［材料と下準備］8個分

オレンジピール
| オレンジ — 1/2個（果汁25g、皮80g）
| グラニュー糖 — 40g
|（ゆでたオレンジの皮の正味重量の50%）

A｜薄力粉 — 100g
　｜強力粉 — 100g
　｜ベーキングパウダー — 6g
　｜きび砂糖 — 40g
　｜塩 — 1g

発酵バター（食塩不使用）— 65g
▶ 1.5cm角に切り、冷蔵室で冷やしておく

B｜牛乳 — 80g
　｜プレーンヨーグルト（無糖）— 30g
▶ 混ぜて冷蔵室で冷やしておく

ホワイトチョコレート — 50g
▶ 2cm角に切る

＊ オーブンは200℃に予熱する。

［作り方］

1. オレンジピールを作る。オレンジは果汁を搾る。皮（果汁を搾ったあとの残りのオレンジ）は縦4等分に切ってから薄切りにする。

2. 小鍋にオレンジの皮とたっぷりの水を入れて中火にかけ、沸騰したら白い部分が透き通るまで15分ほどゆで a 、ざるに上げて水けをきる。

3. オレンジの皮を鍋に戻しながら重量を量り、グラニュー糖と1のオレンジ果汁を加える b 。中火にかけ、グラニュー糖が溶けたらゴムべらで混ぜながら5分ほど煮る。汁けがほぼなくなったら c 耐熱容器に移して冷ます。オレンジピールのできあがり。トッピング用に少々を取り分けておく。

4. ボウルに A を入れて泡立て器でさっと混ぜ、冷凍室で30分ほど（または冷蔵室で1時間ほど）冷やす。

5. フードプロセッサーに 4 とバターを入れ、15〜20秒攪拌する。粉チーズくらいの細かさになったら 4 のボウルに戻す。

6. B を回し入れる。縦に切るようにゴムべらを入れ、片手でボウルを手前に回しながら、底から大きくすくい返すようにして全体を15回ほど混ぜる。3 のオレンジピールとホワイトチョコレートを加え、同様に10〜15回混ぜる。粉けが少し残るくらいになったら強めに30回ほど押しつけてまとめる。

7. 大きめに切り出したラップに移し、ラップで覆いながら長方形に整える。ラップの上からめん棒で20×14cmほどにのばし、ラップを広げ、カードで半分に切って重ねる。同様にあと2回繰り返す。

8. 3回重ねたら、最後はラップの上から16×8×高さ3.5cmほどにのばし、カードで形を整える。ラップで包み、冷凍室で10分ほど（または冷蔵室で30分ほど）冷やす。

9. 四辺を薄く切り落とし、8等分に切り分ける。切り落とした生地は軽くまとめる。天板に間隔をあけて並べ、手で軽く押さえ、3 のトッピング用のオレンジピールをのせる。200℃のオーブンで15〜20分焼く。

10. 表面に焼き色がついたら網にのせる。

Orange Peel and White Chocolate Scone

オレンジピールとホワイトチョコのスコーン

ホワイトチョコ独特のまったりとした甘さの中で
オレンジピールの酸味と苦みが際立ちます。

[材料と下準備] 8個分

マンゴーのヨーグルト漬け
マンゴー(ドライ) ── 50g ▶ 2×1cmに切る
プレーンヨーグルト(無糖) ── 50g
　▶▶ マンゴーをヨーグルトに漬け、冷蔵室でひと晩おく a

A｜薄力粉 ── 100g
　｜強力粉 ── 100g
　｜ベーキングパウダー ── 6g
　｜きび砂糖 ── 40g
　｜塩 ── 1g

発酵バター(食塩不使用) ── 65g
　▶▶ 1.5cm角に切り、冷蔵室で冷やしておく

ココナッツファイン ── 50g＋適量
牛乳 ── 80g
　▶▶ 冷蔵室で冷やしておく

＊ オーブンは200℃に予熱する。

[作り方]

1. ボウルにAを入れて泡立て器でさっと混ぜ、冷凍室で30分ほど(または冷蔵室で1時間ほど)冷やす。

2. フードプロセッサーに1とバターを入れ、15〜20秒攪拌する。粉チーズくらいの細かさになったら1のボウルに戻す。

3. ココナッツファイン50gを加えてゴムべらでさっと混ぜ、牛乳を回し入れる。縦に切るようにゴムべらを入れ、片手でボウルを手前に回しながら、底から大きくすくい返すようにして全体を15回ほど混ぜる。マンゴーのヨーグルト漬けを加え、同様に10〜15回混ぜる。粉けが少し残るくらいになったら強めに30回ほど押しつけてまとめる。

4. 大きめに切り出したラップに移し、ラップで覆いながら長方形に整える。ラップの上からめん棒で20×14cmほどにのばし、ラップを広げ、カードで半分に切って重ねる。同様にあと2回繰り返す。

5. 3回重ねたら、最後はラップの上から13×13×高さ3.5cmほどにのばし、カードで形を整える。ラップで包み、冷凍室で10分ほど(または冷蔵室で30分ほど)冷やす。

6. 表面にココナッツファイン適量をまぶし、放射状に8等分に切り分ける。天板に間隔をあけて並べ、手で軽く押さえる。200℃のオーブンで15〜20分焼く。

7. 表面に焼き色がついたら網にのせる。

Mango and Coconut Scone

マンゴーとココナッツのスコーン

マンゴーはヨーグルトの水分で戻してしっとりさせます。
甘い香りのココナッツとの組み合わせは南国をイメージしました。

[材料と下準備] 8個分

かぼちゃ —— 正味120g
　▶︎ 種とわたを取り、
　　皮をむいて1.5cm角に切る

A｜薄力粉 —— 100g
　｜強力粉 —— 100g
　｜ベーキングパウダー —— 6g
　｜ブラウンシュガー —— 40g
　｜塩 —— 2g

発酵バター（食塩不使用）—— 65g
　▶︎ 1.5cm角に切り、冷蔵室で冷やしておく

B｜牛乳 —— 80g
　｜プレーンヨーグルト（無糖）—— 20g
　　▶︎ 混ぜて冷蔵室で冷やしておく

メープルくるみ
　｜くるみ（ロースト済み）—— 8個
　｜メープルシロップ —— 15g
　　▶︎ くるみにメープルシロップをからめる

※ オーブンは200℃に予熱する。

[作り方]

1. 耐熱ボウルにかぼちゃを入れ、ふんわりラップをして a 電子レンジで2分ほど加熱する。やわらかくなったらフォークの背でなめらかになるまでつぶし b 、冷ます。

2. ボウルに A を入れて泡立て器でさっと混ぜ、冷凍室で30分ほど（または冷蔵室で1時間ほど）冷やす。

3. フードプロセッサーに 2 とバターを入れ、15〜20秒攪拌する。粉チーズくらいの細かさになったら 2 のボウルに戻す。

4. B を回し入れる。縦に切るようにゴムべらを入れ、片手でボウルを手前に回しながら、底から大きくすくい返すようにして全体を15回ほど混ぜる。1 のかぼちゃを加え、同様に10〜15回混ぜる。粉けが少し残るくらいになったら強めに30回ほど押しつけてまとめる。

5. 大きめに切り出したラップに移し、ラップで覆いながら長方形に整える。ラップの上からめん棒で20×14cmほどにのばし、ラップを広げ、カードで半分に切って重ねる。同様にあと2回繰り返す。

6. 3回重ねたら、最後はラップの上から16×8×高さ3.5cmほどにのばし、カードで形を整える。ラップで包み、冷凍室で10分ほど（または冷蔵室で30分ほど）冷やす。

7. 四辺を薄く切り落とし、8等分に切り分ける。切り落とした生地は軽くまとめる。天板に間隔をあけて並べ、手で軽く押さえ、メープルくるみをのせる。200℃のオーブンで15〜20分焼く。

8. 表面に焼き色がついたら網にのせる。

note
・コクを出すため、砂糖はブラウンシュガーを使用しています。
・かぼちゃの代わりにさつまいもで作ってもおいしいです。

Pumpkin and Walnut Scone
かぼちゃとくるみのスコーン

メープルシロップをからめたくるみをトッピング。
生地にはマッシュしたかぼちゃを混ぜ込みます。

［材料と下準備］8個分

A 薄力粉 — 100g
強力粉 — 100g
ベーキングパウダー — 6g
きび砂糖 — 30g
塩 — 3g

発酵バター（食塩不使用）— 60g
　▸▸ 1.5cm角に切り、冷蔵室で冷やしておく
牛乳 — 100g
　▸▸ 冷蔵室で冷やしておく

生ハム＆チーズ

生ハム（薄切りや切り落とし）— 50g
　▸▸ 1cm四方に切る
パルミジャーノ・レッジャーノ — 30g
　▸▸ すりおろす
ゴーダチーズ — 30g
　▸▸ 1cm角に切る
カマンベールチーズ — 30g
　▸▸ 1cm角に切る

※ オーブンは200℃に予熱する。

［作り方］

1. ボウルに **A** を入れて泡立て器でさっと混ぜ、冷凍室で30分ほど（または冷蔵室で1時間ほど）冷やす。

2. フードプロセッサーに **1** とバターを入れ、15〜20秒攪拌する。粉チーズくらいの細かさになったら **1** のボウルに戻す。

3. 牛乳を回し入れる。縦に切るようにゴムべらを入れ、片手でボウルを手前に回しながら、底から大きくすくい返すようにして全体を15回ほど混ぜる。生ハム＆チーズを加え、同様に10〜15回混ぜる。粉けが少し残るくらいになったら強めに30回ほど押しつけてまとめる。

4. 大きめに切り出したラップに移し、ラップで覆いながら長方形に整える。ラップの上からめん棒で20×14cmほどにのばし、ラップを広げ、カードで半分に切って重ねる。同様にあと2回繰り返す。

5. 3回重ねたら、最後はラップの上から16×8×高さ3.5cmほどにのばし、カードで形を整える。ラップで包み、冷凍室で10分ほど（または冷蔵室で30分ほど）冷やす。

6. 四辺を薄く切り落とし、8等分に切り分ける。切り落とした生地は軽くまとめる。天板に間隔をあけて並べ、手で軽く押さえる。200℃のオーブンで15〜20分焼く。

7. 表面に焼き色がついたら網にのせる。

note
・セイボリーでは基本のスコーンに比べ、きび砂糖の分量を減らして塩の分量を増やし、ヨーグルトは使用していません。
・生ハムの代わりに普通のハムや焼いたベーコンで作っても。
・チーズは好みのもので構いません。合計90gであれば2種でもOK。チェダーチーズも合います。

Scone with Prosciutto and Three Cheeses

生ハムと3種のチーズのスコーン

ここからは朝食やおつまみにもなるセイボリー生地のスコーンです。
ジュースにも白ワインにもよく合います。

[材料と下準備] 8個分

A
| 薄力粉 —— 100g
| 強力粉 —— 100g
| ベーキングパウダー —— 6g
| きび砂糖 —— 30g
| 塩 —— 3g

発酵バター（食塩不使用）—— 60g
▶ 1.5cm角に切り、冷蔵室で冷やしておく

牛乳 —— 100g
▶ 冷蔵室で冷やしておく

フライドオニオン a —— 50g
粗びき黒こしょう —— 1g

※ オーブンは200℃に予熱する。

[作り方]

1. ボウルにAを入れて泡立て器でさっと混ぜ、冷凍室で30分ほど（または冷蔵室で1時間ほど）冷やす。

2. フードプロセッサーに1とバターを入れ、15〜20秒攪拌する。粉チーズくらいの細かさになったら1のボウルに戻す。

3. 牛乳を回し入れる。縦に切るようにゴムべらを入れ、片手でボウルを手前に回しながら、底から大きくすくい返すようにして全体を15回ほど混ぜる。フライドオニオンと粗びき黒こしょうを加え、同様に10〜15回混ぜる。粉けが少し残るくらいになったら強めに30回ほど押しつけてまとめる。

4. 大きめに切り出したラップに移し、ラップで覆いながら長方形に整える。ラップの上からめん棒で20×14cmほどにのばし、ラップを広げ、カードで半分に切って重ねる。同様にあと2回繰り返す。

5. 3回重ねたら、最後はラップの上から16×8×高さ3.5cmほどにのばし、カードで形を整える。ラップで包み、冷凍室で10分ほど（または冷蔵室で30分ほど）冷やす。

6. 四辺を薄く切り落とし、8等分に切り分ける。切り落とした生地は軽くまとめる。天板に間隔をあけて並べ、手で軽く押さえる。200℃のオーブンで15〜20分焼く。

7. 表面に焼き色がついたら網にのせる。

note
• フライドオニオンはスライスした玉ねぎに小麦粉などをまぶして香ばしく揚げたもの。甘み、コク、カリッとした食感があります。代わりに細切りにしたベーコンをカリカリに焼いて使用してもOK。

Fried Onion and Black Pepper Scone

フライドオニオンと黒こしょうのスコーン

フライドオニオンの食感で満足感を演出。
粗びき黒こしょうで味を引き締めます。

[材料と下準備] 8個分

A 薄力粉 ── 100g
強力粉 ── 100g
ベーキングパウダー ── 6g
きび砂糖 ── 30g
塩 ── 3g
ココアパウダー ── 10g
シナモンパウダー ── 3g
カルダモンパウダー ── 1g
ナツメグパウダー ── 0.5g

発酵バター (食塩不使用) ── 60g ▸▸ 1.5cm角に切り、冷蔵室で冷やしておく
牛乳 ── 100g ▸▸ 冷蔵室で冷やしておく
ゴルゴンゾーラ ── 60g ▸▸ 1cm角に切る
カシューナッツ (ロースト済み) ── 50g ▸▸ 粗く刻む

✳ オーブンは200℃に予熱する。

[作り方]

1. ボウルに**A**を入れて泡立て器でさっと混ぜ、冷凍室で30分ほど (または冷蔵室で1時間ほど) 冷やす。

2. フードプロセッサーに**1**とバターを入れ、15〜20秒攪拌する。粉チーズくらいの細かさになったら**1**のボウルに戻す。

3. 牛乳を回し入れる。縦に切るようにゴムべらを入れ、片手でボウルを手前に回しながら、底から大きくすくい返すようにして全体を15回ほど混ぜる。ゴルゴンゾーラとカシューナッツを加え、同様に10〜15回混ぜる。粉けが少し残るくらいになったら強めに30回ほど押しつけてまとめる。

4. 大きめに切り出したラップに移し、ラップで覆いながら長方形に整える。ラップの上からめん棒で20×14cmほどにのばし、ラップを広げ、カードで半分に切って重ねる。同様にあと2回繰り返す。

5. 3回重ねたら、最後はラップの上から13×13×高さ3.5cmほどにのばし、カードで形を整える。ラップで包み、冷凍室で10分ほど (または冷蔵室で30分ほど) 冷やす。

6. 放射状に8等分に切り分ける。天板に間隔をあけて並べ、手で軽く押さえる。200℃のオーブンで15〜20分焼く。

7. 表面に焼き色がついたら網にのせる。

note
- ゴルゴンゾーラを使用しましたが、好みのブルーチーズで構いません。
- カシューナッツの代わりにくるみやピーカンナッツなどでも。

Gorgonzola, Cocoa and Spices Scone

ゴルゴンゾーラ、ココア、スパイスのスコーン

香りに特徴のある食材を組み合わせた大人向けのスコーン。
それぞれの香りを引き立たせつつ、まとまりのある味に仕上げます。

焼きたてがおいしい
いろいろなお菓子

ほかにも焼きたてがおいしいお菓子はたくさんあります。
お店でも人気のある焼き菓子を厳選して紹介します。

バナナブレッド

焼きたてなら、やさしい食感の中で
バナナの自然な甘みがより強く感じられます。

[材料と下準備] 18cmパウンド型1台分

バター（食塩不使用）— 80g ▸▸ 常温にもどす
ブラウンシュガー — 70g
全卵 — 1個分(50g) ▸▸ 常温にもどし、溶きほぐす
バナナ（よく熟したもの）— 2本（正味180〜200g）+1本
　▸▸ それぞれ常温にもどす。2本はフォークで粗くつぶし、1本は焼く直前に縦半分に切る

A｜ラム酒（好みで）— 10g
　｜塩 — ひとつまみ

B｜薄力粉 — 150g
　｜ベーキングパウダー — 2g
　｜重曹 — 2g
　｜シナモンパウダー — 1g

くるみ（ロースト済み）— 適量

＊ 型にオーブン用シートを敷く。
＊ オーブンは180℃に予熱する。

[作り方]

1. ボウルにバターを入れてゴムべらでなめらかになるまで練り、ブラウンシュガーを加えてなじむまで練り混ぜる。泡立て器に持ち替え、ふんわりするまですり混ぜる a。

2. 卵を2回に分けて加え、そのつどなじむまですり混ぜる。粗くつぶしたバナナ2本分を加えてなじむまで混ぜ、Aを加えてさっと混ぜる b。

3. Bをふるいながら加える。ゴムべらに持ち替え、片手でボウルを手前に回しながら、底から大きくすくい返すようにして全体を35〜40回混ぜる c。粉けがなくなったらOK。

4. 型に入れ、台に2〜3回落として空気を抜く。縦半分に切ったバナナ1本分の切り口を上にしてのせ、くるみを割りながら散らし d、180℃のオーブンで45〜50分焼く。

5. 竹串を刺し、なにもついてこなければ焼きあがり。型を台に2〜3回落とし、オーブン用シートごと取り出して網にのせる。

note
・くるみは食感のアクセントに。なくてもOK。アーモンドスライスも合います。
・重曹は水を加えて加熱すると炭酸ガスが発生し、生地を膨張させます。水分が多い生地は、ベーキングパウダーのみだと膨らみが弱いので、重曹を併用することがあります。

焼きたてがおいしいいろいろなお菓子

レモンケーキ

アイシングをかけたくなるところですが、焼きたてを味わうために、レモン風味のホイップクリームでいただきます。

[材料と下準備] 18cmパウンド型1台分

発酵バター（食塩不使用）—— 100g
　▶ 常温にもどす
グラニュー糖 —— 100g
全卵 —— 2個分（100g）
　▶ 常温にもどし、溶きほぐす
牛乳 —— 20g
塩 —— 少々
A｜薄力粉 —— 115g
　｜ベーキングパウダー —— 2g
レモンの皮 —— ½個分

レモンシロップ
水 —— 10g
グラニュー糖 —— 10g
レモン果汁 —— 15g

レモンホイップクリーム
生クリーム（乳脂肪分42%）—— 100g
グラニュー糖 —— 10g
レモン果汁 —— 10〜15g

＊ 型にオーブン用シートを敷く。
＊ オーブンは170℃に予熱する。

[作り方]

1. ボウルにバターを入れてゴムべらでなめらかになるまで練り、グラニュー糖を加えてなじむまで練り混ぜる。泡立て器に持ち替え、ふんわりするまですり混ぜる 。

2. 卵を3回に分けて加え、そのつどなじむまですり混ぜる 。牛乳を加えてなじむまで混ぜ、塩を加えてさっと混ぜる。

3. Aをふるいながら加える。ゴムべらに持ち替え、片手でボウルを手前に回しながら、底から大きくすくい返すようにして全体を30〜35回混ぜる 。粉けがなくなり、つやが出たらレモンの皮をすりおろしながら加え 、同様に10回ほど混ぜる。

4. 型に入れ、ゴムべらで表面を平らにならし、スプーンで中央をくぼませる 。170℃のオーブンで35〜40分焼く。

5. レモンシロップを作る。耐熱ボウルに水とグラニュー糖を入れ、ラップをせずに電子レンジで20秒ほど加熱し、混ぜてグラニュー糖を溶かす。レモン果汁を加え、さっと混ぜる。

6. レモンホイップクリームを作る。ボウルに生クリームとグラニュー糖を入れ、ボウルの底を氷水にあてながら泡立て器（またはハンドミキサー）で泡立てる。とろみが強くなり、すくうととろりと落ちるくらいになったら（七分立て）、レモン果汁を加えてさっと混ぜる。

7. 4に竹串を刺し、なにもついてこなければ焼きあがり。型を台に2〜3回落とし、オーブン用シートごと取り出して網にのせる。すぐに5のレモンシロップをはけで上面と側面に塗り 、粗熱がとれたら食べやすい大きさに切って器に盛り、6のレモンホイップクリームを添える。

note
- 2で卵は分離しないように3回に分けて加え、そのつどよくなじませてください。
- 酸味をしっかり利かせたい場合はホイップクリームのレモン果汁は15gに。

焼きたてがおいしいいろいろなお菓子

キャロットケーキ

オイルベースの生地なので失敗しにくく、手軽に作れます。
フロスティングは焼きたてに塗るとだれてしまうので添えるのがおすすめ。

[材料と下準備] 18cmパウンド型1台分

A | 全卵 — 1個分(50g)
　▶▶ 常温にもどす
　ブラウンシュガー — 80g
　太白ごま油 — 70g
　プレーンヨーグルト(無糖) — 50g

B | にんじん — 1本(正味150g)
　▶▶ フードプロセッサーで
　　みじん切りにする a
　塩 — 2g

C | 薄力粉 — 140g
　ベーキングパウダー — 3g
　重曹 — 2g
　シナモンパウダー — 3g
　カルダモンパウダー — 1g

D | ココナッツファイン — 40g
　くるみ(ロースト済み) — 50g
　▶▶ 粗く割る

フロスティング
　クリームチーズ — 120g
　▶▶ 常温にもどす
　プレーンヨーグルト(無糖) — 30g
　ブラウンシュガー — 20g

＊ 型にオーブン用シートを敷く。
＊ オーブンは180℃に予熱する。

[作り方]

1. ボウルにAを入れて泡立て器でなじむまで混ぜ、Bを加えてなじむまで混ぜる。にんじんの水分が出るまでそのまま10～15分おく b 。

2. Cをふるいながら加える c 。ゴムべらに持ち替え、片手でボウルを手前に回しながら、底から大きくすくい返すようにして全体を20～25回混ぜる。粉けがなくなったらDを加え、同様に5～10回混ぜる d 。

3. 型に入れ、ゴムべらで表面を平らにならし、さらに中央をくぼませる e 。180℃のオーブンで40分ほど焼く。

4. フロスティングを作る。ボウルにクリームチーズを入れ、ゴムべらでなめらかになるまで練る。ヨーグルトとブラウンシュガーを加え、泡立て器に持ち替えて、ブラウンシュガーがなじんで、ふんわりするまですり混ぜる f 。

5. 3に竹串を刺し、なにもついてこなければ焼きあがり。型を台に2～3回落とし、オーブン用シートごと取り出して網にのせる。粗熱がとれたら食べやすい大きさに切り分け、4のフロスティングを添える。

note
・フードプロセッサーがない場合、にんじんは細かいみじん切りか、せん切りにしてください。
・太白ごま油の代わりに米油やサラダ油でも構いません。
・Cにナツメグパウダーやジンジャーパウダー、Dにレーズンなどを加えてもおいしいです。

マドレーヌ

フィナンシェは卵白ですが、マドレーヌは全卵を使います。
混ぜるだけで作れる手軽なレシピです。

[材料と下準備] 長さ7.5×幅5×深さ1.5cmのマドレーヌ型12個分

全卵 —— 2個分(100g)
  ▸▸ 常温にもどす
A | きび砂糖 —— 60g
    | はちみつ —— 20g
サワークリーム —— 30g
  ▸▸ 常温にもどす
レモンの皮 —— 1/2個分
B | 薄力粉 —— 75g
    | ベーキングパウダー —— 3g
バター(食塩不使用) —— 50g

※ 型に常温にもどしたバター(食塩不使用)適量をはけで薄く塗り、強力粉適量を茶こしに入れてふり、冷蔵室に入れておく。
※ オーブンは200℃に予熱する。

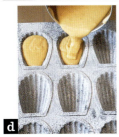

[作り方]

1. ボウルに卵を入れ、泡立て器で軽くほぐす。**A**を加えてなじむまですり混ぜ、さらにサワークリームを加えてなじむまで混ぜる。レモンの皮をすりおろしながら加え **a**、さっと混ぜる。

2. **B**をふるいながら加え、粉けがなくなるまで30回ほど混ぜる **b**。

3. 耐熱ボウルにバターを入れ、ふんわりラップをして電子レンジで1分20秒ほど加熱し、溶かす。温かいうちに2に回し入れ **c**、なじむまで混ぜる。注ぎ口がついている容器(計量カップなど)に移す。

4. 型に入れ(型の9分目が目安) **d**、台に2〜3回落として表面を平らにする。予熱完了後に190℃に下げたオーブンで10分ほど焼く。

5. しっかり焼き色がついたら型から取り出し、網にのせる。

note
- サワークリームで軽やかさとコクを、レモンでさわやかな風味を出します。レモンの代わりにオレンジの皮でも構いません。
- 専用の型がない場合はマドレーヌカップで焼いてもOK。

フロランタン

「フィレンツェ風」という名の焼き菓子です。
アーモンドのアパレイユとサブレ生地とのコントラストを楽しみます。

[**材料と下準備**] 長さ23.5×幅17×深さ4cmのホーローバット1台分

サブレ生地
- バター（食塩不使用） — 80g
  ▸ 常温にもどす
- きび砂糖 — 30g
- 塩 — 少々
- 卵黄 — 1個分(20g)
  ▸ 常温にもどす
- アーモンドパウダー — 30g
- 薄力粉 — 120g

アパレイユ
- **A**
  - バター（食塩不使用） — 20g
  - 生クリーム(乳脂肪分42%) — 40g
  - グラニュー糖 — 60g
  - 水あめ — 20g
  - はちみつ — 12g
- アーモンドスライス — 80g

＊バットにオーブン用シートを敷く。
＊オーブンは170℃に予熱する。

[**作り方**]

1. サブレ生地を作る。ボウルにバターを入れてゴムべらでなめらかになるまで練り、きび砂糖を加えてなじむまで練り混ぜる。

2. 塩と卵黄を加えて泡立て器でなじむまで混ぜ、さらにアーモンドパウダーを加えてなじむまで混ぜる**a**。

3. 薄力粉をふるいながら加える。ゴムべらに持ち替え、縦に2～3回切り、片手でボウルを手前に回しながら、底から大きくすくい返すようにして全体を20～25回混ぜる。粉けがなくなったら厚さ2cmほどになるようにラップで包み、冷蔵室で30分～1時間冷やす。

4. ラップ2枚ではさみ、めん棒でバットの大きさに合わせてのばす**b**。バットに入れ、フォークで全体を刺し**c**、170℃のオーブンで表面に薄く焼き色がつくまで15～20分焼く。サブレ生地のできあがり。

5. アパレイユを作る。4のサブレ生地が焼きあがる5～10分前に小鍋に**A**を入れ、ゴムべらでときどき混ぜながら弱めの中火にかける。グラニュー糖が溶けて煮立ってきたら**d**火を止め、アーモンドスライスを加え、手早く混ぜてなじませる。

6. 4のサブレ生地が焼きあがったら5のアパレイユを熱いうちに流し入れ、全体に広げる**e**。さらに170℃のオーブンで20～30分焼く。

7. 表面に焼き色がついたらオーブン用シートごと取り出して網にのせ、粗熱をとる。裏返して四辺を薄く切り落とし**f**、12等分に切り分ける。

note
- オーブン対応のバットがない場合、4でサブレ生地を厚さ5mmほどの長方形や正方形にのばし、オーブン用シートを敷いた天板にのせて焼いてもOK。
- 裏返したほうがきれいに切り分けられます。好みのサイズに切り分けてください。

チョコスフレ

すぐにしぼんでしまうので焼きたてをどうぞ。
軽やかな食感と濃厚なチョコの風味をお楽しみください。

[材料と下準備] 直径7×深さ5cmのココット3個分

A｜バター（食塩不使用）── 50g
　｜製菓用チョコレート（カカオ分65％前後）── 60g
　｜ココアパウダー ── 15g

メレンゲ
卵白 ── 2個分（60g）
　▸▸ 常温にもどす
グラニュー糖 ── 45g

卵黄 ── 2個分（40g）
　▸▸ 常温にもどす

※ ココットに常温にもどしたバター（食塩不使用）適量をはけでしっかり塗り、グラニュー糖適量をまぶす a 。
※ オーブンは200℃に予熱する。

[作り方]

1. 耐熱ボウルに A を入れ、ふんわりラップをして電子レンジで1分30秒ほど加熱し、ゴムべらで混ぜて溶かす b 。

2. メレンゲを作る。大きめのボウルに卵白を入れ、泡立て器（またはハンドミキサー）で泡立てる。全体が白っぽくなり、ゆるめのつのが立つくらいになったらグラニュー糖を3回に分けて加え、そのつどなじむまでよく泡立てる。きめが細かくなり、すくうとつのがぴんと立つくらいになったらOK c 。

3. 1のボウルに卵黄を加え、ゴムべらでなじむまで混ぜる。2のメレンゲを3回に分けて加え d 、そのつど泡をつぶさないように、片手でボウルを手前に回しながら、底から大きくすくい返すようにして全体を7〜8回混ぜる e 。なじんだらOK。

4. ココットに入れ、200℃のオーブンで8分ほど焼く。

note
・食べきれなかったぶんは冷蔵室で冷やすのがおすすめ。濃厚さが増し、しっとりして、焼きたてとは違うおいしさが楽しめます。
・ココットにグラニュー糖をしっかりまぶしておくのがポイント。均一に膨らみ、食感のアクセントにもなります。
・大人向けには3で卵黄を混ぜたあと、好みでキルシュ5gを加えても。

À propos du KAHANA
お店について

ka ha na －菓葉絆－

東京都三鷹市下連雀 4-15-26
毎週木・金・土曜日
11：00～17：00営業
https://lieroyatsu.shop
Instagram　@kahana_pastry_tokyo

※営業日、営業時間、商品ラインナップなどは変更する可能性があります。インスタグラムで最新の情報をご確認ください。

私のお店、「ka ha na －菓葉絆－」では、フランス菓子を中心に、素材を生かした焼き菓子や気軽に食べられるケーキを販売しています。フィナンシェのほか、カヌレ、ファーブルトン、マドレーヌ、フランス菓子以外では自分が好きなスコーン、バナナブレッドなど、毎日焼きたて、作りたてのお菓子をショーケースにずらりと並べています。

レストラン時代にお菓子のオンライン販売を始めましたが、やはりお菓子の醍醐味である「焼きたて」のおいしさを知ってもらいたいと思うようになり、紆余曲折ありながらも2024年、愛着のある東京・三鷹の町に、実店舗をオープンすることができました。

目印はフレンチアンティークのドア。その隣の窓から対面で販売しています。フィナンシェひとつ、スコーンひとつからでもご購入いただけますので、お気軽にお声がけください。記念日のケーキや贈答用のクッキー缶、焼き菓子の詰め合わせなどもご用意しています。お子さんにも喜んでもらえるようにと、プリン、シュークリーム、ショートケーキなどの定番のお菓子もあります。

近所のみなさんがふらっと立ち寄れて、いつでもおいしいお菓子が買えて、お土産に持っていくと喜ばれたり、記念日にはやっぱりここのケーキだねと言ってもらえたり、そんな地域に溶け込んだお店にしていきたいと思っています。ぜひお越しください。

ka ha na －菓葉絆－
根本理絵

京都府出身。東京・三鷹の菓子店「ka ha na －菓葉絆－」オーナーシェフ。高校卒業後に辻製菓専門学校で製菓と製パンを学び、25歳のときに大阪・北新地「ル シュクレクール」の姉妹店「パティスリー ケ モンテベロ」でシェフパティシエを務める。東京へと活躍の舞台を移してからは、2014年に当時ミシュラン一つ星だった(現在は三つ星)東京・西麻布のレストラン「レフェルヴェソンス」でシェフパティシエを務め、育児休業を挟みつつ、2018年からは東京・調布の薪火料理で人気のレストラン「Maruta」にてデザート開発を担当した後、シェフパティシエに就任する。並行して「LieR.oyatsu」として自身のブランドを立ち上げ、2024年に「ka ha na －菓葉絆－」に屋号を改めて、同年8月に実店舗をオープンした。フランス菓子の技術をベースに、レストランのデセール作りで磨いたセンスを発揮しながら、手作りのお菓子のおいしさを多くの人に知ってもらいたいと、オンラインなどでも積極的に発信を行う。本作が初めての著書となる。

調理補助◎荒川阿季　三木田さとみ
撮影◎宮濱祐美子
スタイリング◎岩﨑牧子
デザイン◎塙美奈［ME&MIRACO］
文◎佐藤友恵
校閲◎安藤尚子　河野久美子
編集◎小田真一
撮影協力◎UTUWA

読者アンケートにご協力ください

この度はお買い上げいただきありがとうございました。『焼きたてがおいしいフィナンシェとスコーン』はいかがだったでしょうか？ 右のQRコードからアンケートにお答えいただけると幸いです。今後のより良い本作りに活用させていただきます。所要時間は5分ほどです。

＊このアンケートは編集作業の参考にするもので、ほかの目的では使用しません。
　詳しくは当社のプライバシーポリシー(https://www.shufu.co.jp/privacy/)をご覧ください。

焼きたてがおいしいフィナンシェとスコーン

著　者　根本理絵
編集人　束田卓郎
発行人　殿塚郁夫
発行所　株式会社主婦と生活社
　　　　〒104-8357 東京都中央区京橋3-5-7
　　　　［編集部］☎ 03-3563-5129
　　　　［販売部］☎ 03-3563-5121
　　　　［生産部］☎ 03-3563-5125
　　　　https://www.shufu.co.jp
　　　　jituyou_shufusei@mb.shufu.co.jp
製版所　東京カラーフォト・プロセス株式会社
印刷所　共同印刷株式会社
製本所　株式会社若林製本工場

ISBN978-4-391-16321-6

十分に気をつけながら造本していますが、落丁、乱丁本はお取り替えいたします。
お買い求めの書店か、小社生産部にお申し出ください。

Ⓡ 本書を無断で複写複製(電子化を含む)することは、著作権法上の例外を除き、禁じられています。本書をコピーされる場合は、事前に日本複製権センター(JRRC)の許諾を受けてください。また、本書を代行業者等の第三者に依頼してスキャンやデジタル化をすることは、たとえ個人や家庭内の利用であっても、一切認められておりません。
JRRC　https://jrrc.or.jp　Eメール　jrrc_info@jrrc.or.jp　☎ 03-6809-1281

ⓒ RIE NEMOTO 2024　Printed in Japan